KB199910

서비스 전쟁

성공을 넘어 **신화**가 된 이세탄 스토리

SERVICE WAR

성공을 넘어 **신화**가 된 이세탄 스토리

미조우에 유키노부 지음 | 홍영의 옮김

동해출판

현장주의로 성장한 이세탄이즘의 진수

백화점이라는 업태는 경기 동향에 좌우되는 정도가 심하다. 식품이나 생활 필수품 등 매일의 수요를 공급하는 슈퍼 등과 달리 고급품 · 기호품에 대한 성향이 강하기 때문에 경기가 나쁘면 사지 않거나 구입 양을 줄이고, 경기가 좋으면 매출이 올라간다고 하는 구조에서 벗어나지 못한다.

그 때문에 아무래도 근본적인 개혁에 도전하지 않는다. 경기 저조로 인해 매출이 오르지 못하고 위기 상황에 빠져들 때까지 개혁에 착수하지 않는다. 본격적인 개혁에 착수하면 경기가 좋아져 그 필요성이 희박해지고 개혁도 어중간한 상태에서 끝나 버린다는 역사를 반복해 왔다.

지방 백화점은 말할 것도 없고 미츠코시三越, 타카시마야高島屋, 이세탄이라는 압도적 플래그십 숍(flagship shops)을 갖는 노포 백화점도 예외가 아니다. 지방 지점 수준에서 보면 어디나 고전을 계속 면치 못하고 있다. 경기에 좌우되지 않는 수익 체질 조성이 백화점의 영원한 과제라 할 수 있다.

지금 그토록 어려운 테마에 도전하고 있는 것이 이세탄이다. 이세탄은 버블기의 확대 전략에서 크게 방향 전환하여 고객 제일주의를 내걸고 본업에 전념하는 형태로 수익을 회복시켜 왔다. 정평 있는 여성용 패션 분야를 중심으로 '해방구' '리스타일' '뉴즈 스퀘어'라는, 종래에 없던 매장을 제안하여 히트시켜 왔다.

최근에는 여성 패션의 장식품이라고만 생각했던 남성용 패션 분야의 '남성관(men's)'이 대히트 했다. 지금 이 회사는 상태가 상당한 좋은 물결을 타고 있다.

그 비밀은 눈앞의 동향에 좌우하지 않고 '패션의 이세탄'으로 살아남는다는 장기적인 비전을 명확히 제시하고, 그 '실현을 위해 무엇을 하면 될 것인가' 하고 회사 전체가 생각하고 실천하고 있는 것이다(이 책에서는 1, 2장이 총론, 3장 이후가 각론으로써 분석하고 있다).

그에 의해 이세탄 브랜드를 확립하여 일정한 성과를 올렸다. 그리고 지금 이세탄은 다음 스테이지로 달려 올라가려 하고 있다. 호조를 띤 발 밑의 업적을 토대로 '패션의 이세탄' 이라는 브랜드 이미지를 더욱 강화하여 확대해 나아가려 하고 있다.

원래 용이한 도전은 아니지만 실현되면 이세탄은 백화점의 온리 원이 될 것이다.

8

제4장 현장주의로 배양된 이세탄이즘

제1장

부활한 이세탄의 브랜드 전략

◆

매출 1조 엔,
그 프로세스와 이세탄 약진의 비밀

2007년
신주쿠 백화점 전쟁, 제2라운드가 시작되다

'신주쿠 백화점 전쟁'의 제2라운드가 시작되었다.

화려하고 웅장한 팡파르와 함께 대대적인 선전으로 새로 오픈한 타카시마야 신주쿠 점포는 2006년 10월에 창업 10주년을 맞았다. 뿐만 아니라 동년 11월에는 이세탄이 창업 120년을 맞았다. 백화점 업계 굴지의 우량기업인 양사가 이것을 계기로 공격 형태를 강화해 나아가려 했다.

타카시마야는 130억 엔이라는 거액을 투자하여 일대 개장을 계획했다. 내·외장뿐만 아니라 상품 구성에도 변화를 주었다.

1년에 걸쳐 부분적으로 점포를 폐쇄하면서 개장을 계속해 나아가는 형태로, 최종적으로 마무리하는 것은 2007년 봄 예정이었다.

이에 대해 이세탄도 2006년부터 100~150억 엔이라는 거액을 투자하여 신주쿠 본점 개장에 착수했다. 이것은 2008년에 완성 예정이었다. 지하철 토에이 13호선의 개통에 맞추어 현안이었던 손님 모시기를 꾀하고, 지하 1층의 대개장을 비롯하여 부인복 매장 등을 새롭게 단장했다.

모두 백화점 자체로서는 최대급의 개장을 위한 투자였다.

타카시마야는 10년 전, 총 투자액 1600억 엔을 들여 총면적 18만㎡의 거대한 시설 '타카시마야 타임즈스퀘어'의 중심 점포로써 개업했다. 신주쿠 역 미나미구치南口와 바로 연결된다는 유리한 위치를 활용한 초대형 점포였다. 기존의 백화점은 전전긍긍했지만 타카시마야는 첫 해에 1000억 엔의 매출을 올렸다. 하지만 그 후는 저공비행을 계속했다.

매장은 넓고 상품 수준은 높았지만 효율화를 위해 점원의 수를 줄이는 바람에 상품의 설명을 들을 수 없다는 등 백화점다움이 없다는 불평도 있었다.

그 후 수정을 거듭해 나아갔는데, 역시 신주쿠라는 일본 최대의 소비 지역에서 고객의 얼굴을 보지 못하고 어중간하게 매장을 조성한 것이 매출 저조의 원인이 되었다. 그 반성도 겸해서 이번의 일대 개장으로 변신한 타카시마야는 훨씬 강력하게 판매전략을 펼칠 것으로 보였다. 당연히 매출의 단위 돌파를 노렸다.

▋ 요격하는 이세탄의 기세

그에 대항하듯이 이세탄은 본점을 2008년에 대개장했다.

타카시마야의 진출에 대해서 가장 위협을 느끼고 있던 것은 이세탄이며, 역과 직결된 대형 점포로 사람의 이동과 맞물린다는 점이 어느 역에서나 약간 떨어져 있는 이세탄으로서는 강한 위기 감을 맞고 있었다.

이 지역에서 첫째 가는 신주쿠 점포는 3000억 엔의 매출 규모 와 이세탄의 대들보를 짊어질 플래그십 숍(flagship shops : 대형 점포)이 다. 때문에 가장 중요한 거점이 두들겨 맞았으니, 질 수는 없고, 지면 회사의 대들보도 흔들리고 마는 배수의 진이 되고 말았다.

그 때문에 스스로 '패션의 이세탄' 이라는 위치를 정해 놓고 강도 높은 부인복 등을 전면에 내세워 구매력을 높여 갔다.

그 결과 이세탄은 신주쿠 전쟁의 승자가 되었는데 그에 만족 하지 않고 잇따라 영업 기반을 강화해 나아갔다. 2003년에는 남 성 패션 전문관을 오픈하여 도내 신사복 매상의 4분의 1 정도가 이 전문관에서 팔릴 정도로 대히트 했다. 패션 감성이 예민한 남 성 고객층을 처음 포착한 상징적인 매장이 되었다.

이번의 대대적인 개장도 그런 공세의 일환이었다. 지하철 13 호선의 개통으로, 지하철 역에서 이세탄의 지하 1층까지 연결되 었다. 게다가 이케브쿠로, 시브야 대도시를 연결하는 지하철인 만큼 지대가 높은 곳에 있는 주택지(오츠야, 아오야마, 이치가야, 코이시 카와, 혼고 근방 일대)를 비롯하여 칸토오關東 일대의 고객까지 유치하 려고 분발했다.

이 2대 백화점 사이에 끼이듯이 니시구치西口의 미츠코시 백화점, 히가시구치東口의 케이오 백화점, 오다큐小田急 백화점은 주변 500m 이내에서 북적거리며 대격전을 맞고 있었다. 바로 고객을 서로 끌어들이려는 신주쿠 대전쟁이었다.

▮ 이세탄과의 공동 보조를 취할 것인가, 오다큐 백화점

최초로 비명을 지른 것은 미츠코시다. 타카시마야와 비스듬히 맞은편에 위치한 미나미관南館에서는 이미 철퇴를 맞았고, 이세탄과 비스듬히 맞은편에 위치한 미츠코시 신주쿠 점포도 잡화 전문점과 임대 점포로 바뀌었다. 매장 그 자체도 좁아서 기동성을 보일 수 없었고, 이세탄과 타카시마야에 협공 당하는 입지 관계로, 특징을 내세우지 못한 것이 패퇴의 요인이었다.

고전한 것은 오다큐 백화점이었다. 이세탄 등과 함께 다른 쪽 역과 직결된 좋은 입지였기 때문에 잠자코 있어도 고객은 찾아들었다. 그런데 그것을 만만히 생각하고 상품 구색에 소홀히 했다. 유행 상품이 없다는 등 있어서는 안 될 행위가 태연히 만행되고 있었고, '무엇이든 있는데 원하는 것만 없다' 라는 백화점 비판이 그대로 적용되는 점포로 변해 가고 있었다.

그 때문에 매장을 찾는 고객을 계속 놓치고 있었는데, 역과 직결되어 있기 때문에 고객은 얼마든지 온다는 그릇된 생각이 현실화 될 때까지 방관하고 있었던 것이었다. 점차 노후화 되고 매력 없는 백화점이라는 인식은 이후로도 계속되었다.

그 이외에도 그룹에서 불량 채권을 안게 된다는 등 본업 이외의 요소에서도 고전은 계속되었다.

다만 2005년에는 모 회사인 오다큐 전철의 협력을 얻어 후지사와 점포, 마치다 3개 점포의 자산을 분리시켜 영업에 특화한 백화점으로써 다시 시작했다. 특히 후지사와 점포와는 경영 통합을 하고, 상품 매입이나 *MD의 단일화도 추진하여 효율적인 운영을 추진했다.

*MD : 상품 정책으로써, 고객이 원하는 상품을 원하는 장소에서 적정량과 원하는 가격으로 구입할 수 있도록 하는 상품 계획.

오다큐 백화점에서는 이후, 타카시마야와 이세탄의 경쟁이 제2라운드를 맞게 될 것에 대비하여 신주쿠 점포의 개장에 착수했다. 연간 수십억 엔을 투자하여 2007년까지 전면 개장할 계획을 세웠다.

또 오다큐 백화점은 부사장을 비롯하여 신주쿠 점장 등 경영 간부를 이세탄 출신자로 초빙하여 이세탄 방식으로의 재도약을 꾀했다. 이세탄 방식에 대해서는 뒤에 설명하겠지만 특별한 것은 아니고, 이른바 현장 중시로 꾸준히 고객을 유치해 간다는 실천형이었다.

이세탄으로서는 라이벌에게 소금을 끼었는 격이 되겠지만 역을 끼고 반대쪽에 있는 만큼 고객이 겹쳐지지 않는다는 점에서 직접적인 경쟁은 되지 않았다. 오히려 두 회사가 합심하여 타카시마야를 요격한다는 구도를 엿볼 수 있었다.

▪ 독자 전략으로 존재를 주장하는 케이오 백화점

이들 유력한 백화점 사이에 낀 형태의 케이오 백화점은 역과 직결된 입지라고는 하지만 지명도, 매장 규모, 상품 구색 등에서 그들만 못했다. 때문에 신주쿠 전쟁에서 가장 빨리 도태하는 것은 아닐까 하고 생각되었다. 하지만 의외로 고군분투를 계속했다.

생존하는 데 가장 위기감을 안고 있는 케이오 백화점의 경영진은 상품을 특화시킴으로써 특징을 명확히 내세우고, 다른 점포와의 차별화를 꾀했다. 주요 고객층은 중·장년의 여성이었다. 이 계층을 위해 의료품 매장 등을 축소했고, 또 브랜드 점포 등을 들이지 않고 자주 MD로써 스스로 구매하여 사들이는 방식을 택했다.

고객이 몰리는 해외 유명 브랜드의 점포를 새로 내는 방법도 있었지만, 그래서는 신주쿠의 라이벌 점포와 같은 점포 만들기밖에 되지 않는다 하여 바이어(상품 구매 담당) 스스로 땀을 흘려 상품을 조달한다는, 이른바 소매의 기본으로 되돌아갔다. 규모가 작다, 경합이 치열하다는 등의 어려운 환경 속에서 필사적으로 지혜를 짜낸 결과였다.

젊은 세대에 중점을 두는 다른 매장과 달리 약간 '촌스럽다'는 감은 있었지만 중·장년층의 여성이 안심하고 살 수 있는 매장으로 정착한 것이 중·장년층 여성의 마음을 끌었다.

이후는 이 중점 품목이 되는 중·장년층의 여성보다 아래 세대인 젊은 여성층이나 중·장년층 세대가 모녀 또는 부녀가 함께 쇼핑할 수 있는 상품 구색 갖추기를 강화해 나아가기로 했다. 그로 인해 2006년에는 여성용 매장의 개장을 추진해 나아갔다.

원래 타카시마야나 이세탄과 같이 대규모 개장은 할 수 없었지만 2003년~2007년까지 80억 엔 규모의 개장을 거듭해 나갔다. 규모면으로는 못하지만 효율적인 개장으로 독자적 존재를 보여 주는 케이오의 매장은 다른 점포와의 차이를 더욱 두드러지게 했다.

▋ 점점 치열해지는 신주쿠 백화점 전쟁

2006년 가을에는 타카시마야 신주쿠 점포의 10주년, 이세탄의 창업 120년이라는 2대 이벤트가 겹쳐졌다. 게다가 두 회사는 거액의 개장을 서두르고 있었다. 개장 이후에는 더욱 화려하고 경쟁력 있는 매장으로 변모할 것으로 보였다.

이에 대해 오다큐 백화점, 케이오 백화점 모두 각각 독자적 존재감을 주장하며 고객을 빼앗기지 않으려고 필사적으로 대항해 나아갔다. 미츠코시만 실질적으로 도외시 되고 있었지만 신주쿠 역 주변은 급격한 변모를 반복하고 있었으며, 4개 사의 백화점 전쟁은 새로운 국면을 맞게 되었다.

2006년은 각 사가 모두 개장을 계획하고 있어서 서로 경쟁을 하는 일은 없었지만 개장이 완료된 2007년 이후부터는 본격적인 고객 쟁탈전이 펼쳐졌다. 이른바 신주쿠 백화점 전쟁의 제2라운드의 시작이었다.

2006년은 이른바 폭풍 전야의 고요함이라고나 할까.

타카시마야나 미츠코시의 본거지인 니혼바시 주변은 안정된 곳으로, 변모의 여지는 적지만 신주쿠라는 곳은 항상 크게 움직이고 있었다. 곳곳마다 변모하는 역동성이 있었다. 오늘의 신주쿠는 내일의 신주쿠가 아니라는 것으로, 그것은 백화점에 대해서도 똑같이 적용되었다.

오늘의 승자는 내일의 승자가 되지 않고, 오늘의 번영은 내일을 약속한 것은 아니다. 오늘의 패배는 내일의 번영으로 가는 첫걸음이다. 때문에 승자는 계속 이기기 위해 한순간도 마음을 늦추지 않고 개혁과 개선을 계속하고, 패자는 승리를 목적으로 치열한 개혁을 해 나아간다. 그런 절차탁마(切磋琢磨 : 학문이나 덕행을 갈고 닦음)가 더욱 더 역동성을 낳는다. 이것이 신주쿠 백화점 전쟁의 실상이었다.

그것은 백화점 모두가 뼈에 사무치게 알고 있는 것이며, 승자라 할 수 있는 이세탄도 강한 위기감을 뿌리칠 수는 없을 것이다.

▋경기 회복의 순풍을 탄 이세탄

신주쿠 백화점 전쟁의 제2라운드를 앞두고 이세탄이 호조를 보이고 있었다.

2006년 3월에는 영업이익, 경상이익, 순이익 모두 과거의 최고치를 경신했다.

즉, 매장 7600억 3800만 엔(전년대비 20.8% 증가), 영업이익 300억 6100만 엔(전년대비 56.6% 증가), 경상이익 309억 2500만 엔(전년대비 41.2% 증가), 순이익 187억 1000만 엔(전년대비 48.3% 증가)이라는 대폭적인 증가를 보인 것이었다.

일용품을 취급하는 슈퍼 등과 달리 백화점은 고객 상품을 중심으로 기호품을 주로 다루기 때문에 경기의 동향을 나타내는 지표가 되었다. 지난 몇 년 동안의 완만한 경기 회복의 기조가 지금에 와서 현실로 나타나고 있다는 것은 이세탄의 업적을 보면 알 수 있었다.

이 대폭적인 이익의 증가 요인으로써는 후쿠오카의 노포 백화점 '이와타야'가 자회사로써 새로 참여했기 때문이었다. 매상으로 약 1000억 엔, 이익으로 약 18억 엔이 추가로 덧붙여진 것이 큰 계기가 된 것은 사실이었지만 본업인 백화점이 호조를 띠어 신장에 버팀목이 되었기 때문이었다.

*연결매출의 90%를 차지하는 백화점에서는 본점이 부인복, 신사복, 리빙, 식품 등 취급 분야 전반에 걸쳐서 전년도 수준을

웃돌았다. 특히 고객 상품의 움직임이 좋았는데 볼륨존의 보급품 등도 전반적으로 호조를 보였다.

*연결매출 : 연결 자회사(연결 대상이 되는 자회사)와 모 회사의 매출을 합계하여 거기서 내부 거래(그룹 내의 타 회사에 대한 매출)를 뺀 것.

본점은 신주쿠의 좋은 위치에 있었기 때문에 잠자코 있어도 매출은 달성되었지만 그 외에도 개장한 우라와 점포를 비롯한 타치카와, 키치조지, 후추우, 사가미하라, 마츠도 등의 각 지점 모두가 전년도를 웃도는 쾌거를 보였다.

이세탄의 매출 구조는 압도적인 본점에 비해 현저하게 저조한 지방 지점의 매출을 보완하는 것으로, 본점이 매출의 60%를 차지했다. 전년도의 경우 본점과 타치카와 점포만이 증가를 보였는데, 당기에 전 지점이 모두 증가를 보였기 때문에 이세탄의 호조는 사실이었다.

또 별도 회사 조직으로 되어 있는 시즈오카 이세탄, 니이가타 이세탄 등이 호조를 보였다.

해외에서는 중국, 동남아 등 경제 성장률이 높은 나라에 새로 점포를 내어 순조롭게 매출을 신장시키고 있었다. 같은 기간 중에 중국에 네 번째 점포인 제남 이세탄을 오픈(2005년 9월)했는데, 상승효과도 컸다.

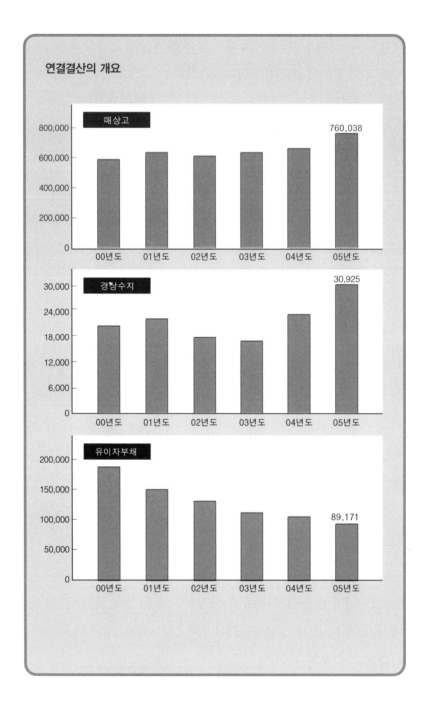

연결결산의 개요

매상고

760,038

경창수지

30,925

유이자부채

89,171

문제는 코쿠라 이세탄이었다. 소고(SOGO)가 문 닫은 역 빌딩 백화점에 점포를 새로 냈으나 대상권인 하카타에 인접하여 상권이 좁기 때문에 좀처럼 궤도에 오르지 못하고 고전을 계속하고 있었다. 물론 다른 점포가 이것을 보완하고 있는 상황이었다.

백화점 이외에는 카드 사업이 호조를 보였다. 이세탄의 고정 고객을 대상으로 한 아이(I)카드가 그것이었다.

또 이세탄은 별도 회사 조직으로 미국의 고급 의류인 '버니즈 재팬', 식품 중심의 '퀸즈 이세탄'을 개장했는데 브랜드 침투가 잘 진척되어 모두 매출 신장을 보였다(다만 버니즈는 2006년에 매각됨).

어떤 의미에서 경기 회복의 상징으로써 이세탄의 활황을 파악할 수 있었다.

▮ 많은 백화점 중에서도 뛰어난 이익률

단순히 매출상의 숫자뿐만 아니라 이익률이 높은 것도 특필되었다.

매출고 경상이익률은 4.1%에 달했다. 전기대비 3.5%니까 이익률이 대폭 개선된 것으로 나타났다.

이것은 이익률이 높은 고가품의 판매가 좋았던 것과도 일치하지만 이세탄의 재무 체질의 건전화가 보다 진척되어 있다는 것을 보여 주는 것이기도 했다.

전기는 어떻든 이세탄의 최악의 시기였던 1994년 1/4분기는

점포별 매출액

	매출액(백만 엔)	구성비	전기대비
본점	246,001	56.6%	100.7%
타치카와 점	38,932	9.0%	101.6%
키츠조지 점	17,489	4.0%	94.1%
마츠도 점	28,829	6.6%	96.6%
우라와 점	47,458	10.9%	95.8%
사가미하라 점	31,948	7.4%	96.1%
후추우 점	23,746	5.5%	96.4%
합 계	434,405	100.0%	99.1%

상품별 매출액

	매출액(백만 엔)	구성비	전기대비
의류품	210,754	48.5%	99.8%
일용품	40,654	9.4%	96.8%
잡화	56,420	13.0%	100.3%
가정용품	15,534	3.6%	95.1%
식료품	87,521	20.1%	98.5%
기타	23,519	5.4%	98.3%
합 계	434,405	100.0%	99.1%

매출고 경상이익률이 1%를 밑돌고 있었다. 이때는 불황의 물결이 백화점 경영에 직격탄을 날려, 할인 점포가 유행하여 여기저기서 싸게 파는 상품으로 넘쳐나고 있었다고 하는 외부 요인도 있었지만 이세탄의 경우, 그때까지 확대·다각화 전략을 추진하고 있었으므로 유이자부채가 1300억 엔을 넘을 때까지 부풀고 있었다고 하는 내부 사정도 있었다.

그 시기와 비교하면 각별한 차이가 분명하지만 원래 이세탄은 여성 패션에 강하고, 또 2003년에는 남성복 전문관을 오픈하여 남성 패션에도 주력하고 있는 효과를 여실히 보여 준 것이라 할 수 있다.

패션 의류는 매출순이익(경비를 계상하지 않고 매출금에서 매입금만을 뺀 겉보기의 이익)율이 50%, 60%가 당연하다고 하는 고이익률 분야. 원가율 20%라고 할 만큼 이 분야에 강하다는 것은 이익률의 높이와 직결된다.

다만 원가가 낮은 만큼 높은 노하우와 MD력이 요구되어 파는 측으로서는 어려운 분야이며, 이세탄의 경우는 고객이 압도적으로 몰리는 본점을 중심으로, 또 의식적으로 패션의 이세탄을 강조하여 이세탄 브랜드를 어필해 나아간 것이 상승효과를 낳은 것이라 생각한다.

그런 점에서 매출고 경상이익률 4.1%를 달성했는데, 이것은 백화점 중에서도 뛰어난 고이익률이라 할 수 있다. 이것이 뒷받침하고 있기 때문에 적극적인 점포 개장 등 설비 투자를 할 수 있었다.

고가품을 취급하는 백화점이지만 코스트가 높다는 등의 이유로 어디서나 저수익 체질에 허덕였다. 지방 백화점에서는 1%를 밑돌 정도로 종이처럼 얇은 이익밖에 내지 못하는 곳도 많았다. 그중에서 이세탄의 고이익률은 타사가 부러워하는 대상이 되었다.

▌ 매출 1조 엔, 영업이익 500억 달성을 향해서

다만 이세탄의 호조는 1분기만의 현상이 아니었다. 외부 요인인 경기에 영향을 받는 만큼의 수동적인 좋은 업적이 아니라 백화점 업태의 마땅히 그래야 할 모습을 추구해 가는 과정에서 외부 환경의 변화에 좌우되지 않는 수익 체질을 구축해 나아가려고 하는 데 최대 요인이 있었다.

보다 구체적인 수치 목표로써 2015년에는 연결매출 1조 엔 초과, 영업이익 500억 엔 돌파를 지향했다.

다만 엄밀하게 회사 측에서는 매출 1조 엔이라는 목표 수치를 분명히 하고 있지 않았다. 하지만 전반기의 업적은 매출 7600억 엔, 영업이익 300억 엔이니까 영업이익의 신장을 매출에 적용하면 매출은 1조 엔을 거뜬히 넘는 것은 확실했다.

그 목표 달성을 위해 이세탄은 해외 사업의 확대나 타사와의 제휴 관계를 강화해 나아갔다.

해외에서는 이후 10개 정도의 점포를 신규로 낼 예정이고, 국
내에서는 후쿠오카의 이와타야를 자회사화 한 것에 이어 삿포로
의 노포 백화점 마루이이마이의 경영 지원에도 적극적으로 나섰

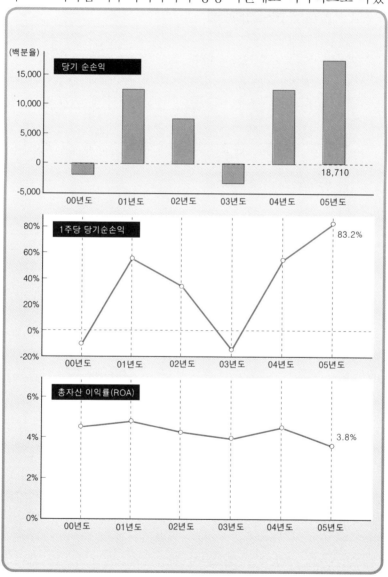

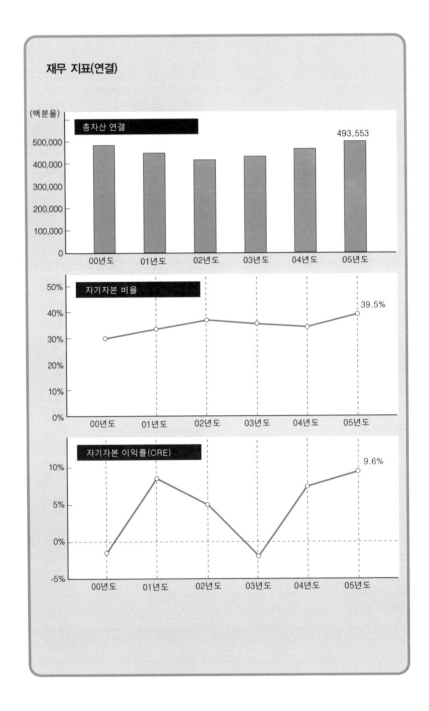

재무 지표(연결)

으며, 전국의 지방 백화점을 그룹으로 받아들일 움직임을 보였다. 이세탄은 원래 지방 지점 등의 경영은 능숙하지 못했다. 압도적으로 강한 본점 의존도가 높기 때문에 지점을 당장 정리하기는 쉽지만 전술한 바와 같이 본사의 각 지점이 모두 전년대비 증가하고, 별도 회사인 지방 백화점도 모두 호조를 띠고 있고, 이세탄에서는 지방 백화점의 운영 노하우를 계속 축적하고 있으며, 이후로도 경영난에 직면하고 있는 계열 외의 별도 백화점을 그룹화하는 데에 적극적으로 도전할 것으로 보인다.

초기 년도의 매출은 7700억 엔, 영업이익 320억 엔의 달성을 지향했다. 전년대비 신장율로써는 결코 높지 않은 것은 이와타야와 같은 안건이 없기 때문이지만 이세탄은 이후 적극적인 설비 투자를 거듭해 나아간다 했고, 그 투자 부담은 명확한 숫자이기 때문에 최종 연도의 목표 달성을 위해 힘을 비축하고 있는 상태라 할 수 있다.

아무튼 이세탄의 장기 계획에서는 앞으로 10년 간 국내외에 2000억 엔을 투자한다고 했다.

이미 그 첫 시작으로써 신주쿠 백화점 전쟁에 대비하여 2006년도부터 본점의 개장에 몰두하고 있으며, 100~150억 엔을 들인 개장이 완료되면 본점의 고객 집중력은 더욱 높아질 것이고, 이세탄은 반석 위에 올라설 것이다. 이와 관련하여 백화점 1개 점포당 들이는 개장비로써는 과거에 비해 최대급이다. 이세탄의 기세를 엿볼 수 있다.

이세탄의 호조의 요인은 무엇인가? 경기가 회복하여 고가품의 판매가 좋다는 등의 환경요소 이외에 이세탄이 내포하는 구조적인 요인을 정리해 보면,

① 적극적인 설비 투자에 의한 고객 집중력의 증가.

② 부인복, 신사복 등 패션 의류에 강도를 더하여 이세탄이라는 브랜드의 힘이 높아졌다는 것.

③ 이와타야, 마루이이마이 등 지방 백화점과의 제휴 추진과 해외에 적극 새로운 점포를 내는 등 그룹력이 강해진 것.

④ *자주편집매장의 확대 등 센트럴 컨트롤(Central Control)의 충실 등이다.

또 그 배경으로써 이세탄이라는 조직의 근저를 흐르는 DNA 이기도 한 '고객 제일주의' '인재 존중주의' 등이 있는데, 이것에 대해서는 다음에 설명하기로 한다.

*자주편집매장 : 백화점에서 판매 상품을 백화점 측의 책임으로 발주, 매입하여 사원이 판매나 관리를 하는 매장.

①에 대해서는 이미 본점의 대개장에 착수했다. 지하 1층을 개장할 뿐만 아니라 부인 패션 매장의 개장을 순서에 따라 추진해 나아갔다.

특히 2008년 3월에는 지하철 13호선이 개통하여 이세탄의 지하와 연결되었다. 고객의 집중력이 높은 신주쿠 본점의 최대 약점이라고 하면 역에서 거리가 멀다는 것.

신주쿠 역에서도, 토에이 지하철의 신주쿠 3가 역에서도 지하도로 연결되어 있어서 비에 젖는 일이 없다고는 하지만 약간 걸어야 했다. 역에 인접해 있는 신주쿠 타카시마야와는 사람의 흐름을 잡는다는 점에서 결정적으로 뒤떨어졌다. 이세탄을 목적으로 오는 사람은 '어떻든 목적 없이 훌쩍 들러서 쇼핑한다' 는 고객을 흡수하는 힘이 약했다.

개통하는 지하철 13호는 시브야, 신주쿠, 이게브크로라는 대도시를 연결하는 노선. 역에서 내리면 바로 이세탄이기 때문에 칸토오의 소비자를 받아들일 수 있었다. 때문에 이세탄 본점의 지하 1층은 사람의 흐름을 흡수하기 위해 개장할 예정이었다.

소매로써 점포의 개장이라는 것은 신규 오픈에도 뒤지지 않을 정도의 고객 집중력 효과를 갖는다. 매장이 활짝 변하기 때문에 다시 찾는 고객뿐만 아니라 신규 고객을 받아들일 수 있다.

이세탄의 경우는 2003년에 남성관, 2006년에 우라와 점포를 개장했다.

특히 45억 엔을 들여 개장한 남성관은 대히트였다. 동 점포의 신사와 관련된 매출은 초기 년도에 전년대비 20% 증가, 2년째도 10%, 3년째가 되는 2006년도도 매출이 떨어지기는커녕 10% 증가했다고 하니 고객의 인기는 그칠 줄 몰랐다. 특히 신사복은 도내 신사복 매출의 4분의 1를 이세탄 남성관에서 올렸다고 하니 그 기세가 어마어마했다.

우라와 점포의 경우는 이세탄의 지점 경영의 모델이 되었다. 일반적으로 노포 백화점의 지점은 대형 점포인 본점의 축소판으로 지향하는 경향이 컸다. 그러나 점포의 규모나 지역성을 감안하면 본점의 궁상스런 축소판으로밖에 안 되고 매상도 오르지 않는 것이 보통이다. 본점의 간부도 본점 방식을 지점에도 강요해 왔기 때문이다.

우라와 점의 개장은 지역성에 맞춘 상품 전개나 서비스를 실시한다는 의미로, 독자성을 어필하는 것으로써 이후 지점 운영에 큰 영향을 미쳤다. 이세탄에 있어서 지점 운영의 비밀은 다음에 설명하기로 한다.

이런 적극적인 개장을 거듭해 나아간다는 것은 항상 공격적인 자세를 계속 유지한다는 의미로, 이세탄은 신주쿠 지역에서 넘버 원 점포로 유지할 수 있게 되었다.

∎ 일본 최초의 '이세탄 남성관'의 파괴력

②의 요소인 '패션의 이세탄'을 계속 강하게 어필해 온 것이 정착하여 고객 집중력을 높여 왔다.

특히 이세탄이라는 회사 전체가 의식적으로 패션 특화를 내외에 내세웠다는 것은 다른 백화점에서는 볼 수 없었다. 케이오 백화점이 고육지책으로 중·장년층의 여성용으로 특화하여 백화점의 성격을 분명히 내세워 차별화를 둔 것이었다.

원래 포목점부터 시작했기 때문에 패션 의류에는 강했다. 젊은이의 유행 최첨단인 신주쿠에 입지하여 항상 유행 창조의 거점이 되었다.

그런데 이세탄이 패션에 특화하도록 의식적으로 강조하는 전략을 취하기 시작한 것은 1990년대 중반부터였다. 그때까지는 '생활 종합 제안 기업'이라는 기치 아래 본업인 소매뿐만 아니라 생활 전반에 관련된 여러 가지 서비스 사업에 착수하여, 초점이 흐릿해져서 무엇을 팔고 있는지 모르고 있었다.

버블경제 시기에는 그래도 호조를 유지하고 있었으나 버블경제가 붕괴되고 소비 불황에 직면하자 즉각 그 폐해가 생기고 매출이 저조해졌다. 그러자 그 타개책으로 패션의 이세탄을 어필해 온 것이었다.

예를 들면 이세탄의 남성관.

남성 패션이라는 것은 검소하고, 백화점으로서는 어떤 의미에서 여성 패션에 곁들인 상품이었다. 비즈니스 슈트를 중심으로 상품 구색을 갖추어 두면 된다는 정도였다. 그런 까닭에 저가의 신사복 전문 업체에게 고객을 계속 빼앗겨 왔는데 이세탄이 전관을 패션 센스가 있는 남성용 매장으로 탈바꿈하면서 기회를 노린 것이었다.

검은색과 짙은 갈색 계통의 차분한 내장으로 통일된 점포의 내부. 조명은 약간 어두운 듯한 기미. 과연 남성용이라는 차분한 멋과 센스 있는 의류나 잡화를 지나치게 주장하지 않았다. 그런데 확실히 눈길을 끌었다. 상품 구색도 풍부하게 갖추었고, 6층 이상은 캐주얼 계의 의류를 모아 인기를 떨쳤다.

일본의 소매점에서 이런 남성 전문 매장은 존재하지 않았다. 백화점의 남성복 매장은 여성 패션 매장 한쪽에 구색 갖추기로 위치하고 있었다. 때문에 상품 구색도 좋지 않았고 센스도 없었다. 남성은 여성처럼 패션에 까다롭지 않기 때문에 상품만 진열되어 있기만 하면 아무리 센스가 나빠도 그저 대충대충 팔렸다.

그런데 2005년부터 시원하고 근사하게 일할 수 있는 복장으로 선명해졌다. 그 이전부터의 캐주얼 도입 등에서도 침투하기 시작한 것이 남성 비즈니스맨의 패션 센스였다. 비즈니스 슈트가 아니라 넥타이 같은 자질구레한 것의 센스나 캐주얼 의류의 센스 등이 문제화 되었다. 야성적인 패션 붐 등도 이것을 뒷받침했다.

그런 시대의 흐름을 탄 남성관의 성공이라는 요인도 있지만 주요 고객으로서 남성을 포착하고 전관을 센스 있는 남성용 매장으로 만들었다. 일본에서 처음 생긴 매장이었다.

▮ '이세탄에 가면 뭔가 있다' 라는 확실한 신뢰

그 성공에 이어 이번에는 여성 매장을 개장했다. 이세탄답게 화려하고 센스 넘치는 호화로운 매장이 되는 것은 틀림없고, 게다가 이세탄의 패션 매장으로써의 주장이나 제안도 포함되었다.

종래의 각 브랜드 매장이나 연령층의 매장 만들기를 그만두고 패션의 감성이나 구매 동기, 구입 타이밍 등 아주 새로운 축으로 통일한 매장이 될 것이라는 생각에 소비자로서는 벌써부터 기대가 컸고, 라이벌 백화점으로써는 전전긍긍하고 있었다.

다만 이세탄이 타사와 다른 점은 중기 목표로써 의식적으로 '이세탄 브랜드'를 전면에 내세우려 하고 있었다. 이미 노포 백화점의 이세탄을 모르는 사람이 없었다. 그런데 그 이미지는 어렴풋했다. 노포이기 때문에 예스러운 이미지가 붙는 경우도 있었다. 백화점이라는 업태가 시대에 뒤떨어졌다고 한 적도 있었고, 이세탄도 그 물결에 휩쓸릴 수도 있었다.

그런데 이세탄은 원래 패션에 강하고 신주쿠 본점은 패션 감각에 예민한 젊은이들로 넘쳤다. 그 '패션의 이세탄'을 강하게 어필하여 예스러운 백화점이 아니라 신선하고 젊고 최첨단을 달리는 새로운 형태의 백화점을 어필한 결과, 현재의 호조를 가져다 주었다.

이세탄에 가면 센스 있는 패션 의류를 만날 수 있다는 확고한 신뢰가 여성 고객들에게 침투하고 있었다. 여기까지 오는 데는 결코 쉬운 일이 아니었다. 그만한 노력이 따라야 했다.

이세탄이라 할지라도 이미지를 정착시키는 것은 용이하지 않았다. 하물며 90년대 초에 기업 이미지를 실추시켰기 때문에 거기서 재기하여 새로운 이미지를 심어 나가는 데는 전략적으로 시간과 수고가 따라야만 했다.

그 때문에 중기적인 계획을 세워 그 목표를 향해 새로운 백화점의 모습을 구축해 갔다. 패션가 이세탄에 한하지 않고 내용이 빈약한 종래의 백화점과는 분명하게 선을 그어 공격적인 색채를 강하게 띠었다.

공격적이라고 하면 소비자와의 대결 자세를 취하는 것 같은, 과격하다는 말로 들릴지 모르겠지만 마땅히 있어야 할 백화점의 미래상을 향해 공격적으로 소비자를 내 편으로 만들어 간다는 의미이기도 하다. 동업 라이벌 회사가 경계하는 이유다.

▎ 강화된 압도적인 그룹력

③에 대해서 말하면 그룹력이 각별히 강화된 것이 연결결산을 활성화시킨 요인이다.

이세탄의 점포는 7개다.

　　본점 (매출 비율 56.5%)

　　타치카와 점 (매출 비율 9.0%)

　　키치조지 점 (매출 비율 4.0%)

　　마츠도 점 (매출 비율 6.6%)

　　우라와 점 (매출 비율 10.9%)

　　사가미하라 점 (매출 비율 7.4%)

　　후추우 점 (매출 비율 5.5%)

여기에 별도 회사 조직으로

　　시즈오카 이세탄 (매출 221억 엔)

　　니이가타 이세탄 (매출 388억 엔)

　　코쿠라 이세탄 (매출 163억 엔)

　　JR 니시니혼 이세탄 (매출 621억 엔)

　　이와타야 (매출 1048억 엔, 이 항의 숫자는 2004년도 실적)이다.

　여기에 2005년부터 홋카이도의 마루이이마이의 경영 지원에도 나섰다. 이세탄에 대해서는 연결 대상은 되어 있지 않고 현 단계에서는 재건상에 있었기 때문에 그룹에는 포함되어 있지 않았다.

　거기다 해외 점포는 중국, 대만, 싱가포르, 타이 등에 12개 점포를 전개하고 있었는데, 이후 적극적으로 신규 점포 개장을 추진해 나아갔다.

　이세탄에서는 앞으로 10년 동안에 20개 점포까지 해외에 개장할 계획이다. 중국이나 동남아 등을 중심으로 해외 점포를 새로 오픈할 여지는 많았다.

　버블경제 시기 이전의 백화점 해외 출점은 현지의 소비를 흡수한다기보다 해외 여행하는 일본인 관광객의 소비를 흡수하려는, 이른바 집안 고객을 노리는 점이 강했다.

　일본의 점포와 같은 점포 만들기, 상품 구색을 갖추는 것이기 때문에 그 지역 고객의 요구와 일치되지 않고 일본인 고객에게도 재미는 없었다. 때문에 다른 백화점의 해외 점포도 버블경제 이후에는 악전고투해 보았지만 대부분은 철수하지 않을 수 없게 되었다.

이세탄에서도 1991년에 바르셀로나 점포를 오픈했다. 바르셀로나 올림픽의 일본인 관람객을 기대한 것이었지만 전혀 수익을 내지 못한 채 1993년에 폐점하고 말았다.

이세탄의 이번 해외 사업 강화는 그 반성에 입각하여 현지의 고액 소비 수요를 거두어들이겠다는 목표를 강력히 내세웠다. 버블기 이전과 달리 중국을 비롯한 동남아의 경제가 호조를 띠고 현저한 성장세를 보이고 있어, 출점하면 부유층을 대상으로 큰 매출을 전망할 수 있었다. 보물이 산적한 시장이었다. *컨트리 리스크(country risk)는 항상 존재했지만 경제 성장률의 높이로 그 리스크도 경감되었다.

*컨트리 리스크 : 외국의 정부나 기업에 투·융자하는 경우, 그 나라 고유의 사정으로 인해 자금을 회수할 수 없게 될 위험성.

그룹의 구도로써는 본점의 압도적인 고객 집중력을 핵심으로 칸토오 권을 중심으로 한 위성 점포망을 전개했다. 칸토오 권 이외는 타 자본 계열과의 제휴로 점포를 전개하고 있는 점에서 이세탄의 신중함을 엿볼 수 있었다.

⁝ 로우 리스크로 적극화 하는 그룹 확대

원래 이세탄은 그룹 점포의 운영이 잘 안 되었다. 전에는 타카사키의 토오고 이세탄 등도 출점했지만 잘 안 되어 폐쇄로 몰리고 있었다.

　이런 구도는 이세탄에 한하지 않고 미츠코시 타카시마야, 마츠자카야 등 노포 백화점에도 공통적이었는데, 압도적인 대형 점포를 가지고도 지방 점포는 적자로 허덕인다는 구도는 변함이 없었다. 지방 점포가 잘 안 되는 것은 본점 주도의 MD를 행할 것인지 지방 주도로 맡길 것인지 어중간하여 방침이 정해지지 않는 것이 큰 요인이었다.

　중앙 주도의 MD라면 결국 지방의 요구를 잡지 못하고, 경우에 따라서는 본점의 남은 물건만을 나열하는 결과에 지나지 않는다고는 말할 수 없다. 또한 중앙 지도의 색깔이 너무 강하면 지방의 반발을 초래한다. 반대로 지방 주도라면 지방의 요구를 너무 중요시하여 최첨단 패션에 뒤진다. 또 지연, 혈연으로 이어진 지방의 거래처와의 관계도 장해障害가 된다.

　이세탄은 오랜 시행착오를 거쳐 지방 점포의 노하우를 획득하고 있었다. 그것이 각 점포의 매출 호조와 이어졌다.

　중앙에서의 컨트롤과 지방의 독자성과의 균형을 어떻게 취할 것인가가 그 노하우의 골자인데, 이세탄이 깨달은 것은 '사람'에 의한 통솔이었다.

　타인을 컨트롤하는 수법은 보통 자본의 압력에 의해 지배할 것인가, 자본에 의존하지 않고 인재에 의해 그 능력이나 견식(見

識)으로 구심력을 높일 것인가인데, 전자는 용이하고 후자는 지극히 어려웠다.

지극히 어려운 수법에 이세탄이 당도한 것이었다. 이세탄의 노하우를 익힌 우수한 인재를 지방 점포에 보냄으로써 이세탄이 즘을 심고 지방의 특색을 받아들여 독자의 점포 만들기를 추진해 나아갔다. 그에 의해 지방에서의 존재감을 높이고 매출 향상과 결부시켜 나아갔다.

이른바 그들은 이세탄이즘의 전도사이며 능력, 식견, 인격 등 전반에 걸쳐 우수하지 않으면 효과가 없었다. 그것이 현재 이상적인 스파이럴(spiral)를 타고 있는 것이었다.

지점이나 별도 회사를 본부가 컨트롤하는 고정된 매뉴얼이나 시스템이 있을 리 없었다. 시스템으로는 유니트 숍을 적극 전개하고 있었는데(이후 설명) 그것도 완전하지 않았다. 소매는 항상 살아있는 것이며, 자율 타율의 변화에 대응해야 하기 때문에 그런 의미에서는 견실한 방법으로 지역의 특징에 대응해 나갈 수밖에 없었다.

그 수단으로써 이세탄에서는 '사람'에 의한 수법을 채택했다. 유연하고 효율적으로 눈앞에 대응하는 것은 사람의 판단에 의하는 것이 가장 적당했다. 그만한 인재를 갖출 수 있는 이세탄의 저력은 특필될 것이다.

이것은 이와타야에 있어서도 마찬가지고 마루이이마이에 있어서도 마찬가지였다. 뿐만 아니라 계열 외인 지방 백화점에도

이세탄 그룹 전체도

백화점업 15개사

국내 7개사
(주)시즈오카 이세탄,
주)니이가타 이세탄,
(주)코쿠라 이세탄,
(주)이와타야,
(주)제이 알
니시니혼 이세탄*1,
주)하마야 백화점*3

해외 8개사

(동남아)
이세탄 (싱가포르) Ltd.
(타이랜드) Co.,Ltd.
오브 재팬 Snd.Bhd
오오타테 이세탄 백화점
지분 유한공사*1

(중국)
상하이 매용진 이세탄 백
화점 유한공사,
천진 이세탄 유한공사,
금강 이세탄 유한공사,
오브 재팬Ltd.

(주)이세탄 (7개 점포)

소매, 전문점, 레스토랑업 6개사

국내 4개사
(슈퍼마켓업)
(신사, 부인복 전문점업)
(부인복 전문업)
(레스토랑업)
(주)퀸즈 이세탄,
주)버니즈 재팬
주)마미나
주)이세탄 다이닝

해외 2개사
민츠 88 Co., Ltd.,
에이 시 이벤트멘츠, Inc.

2005년 6월 현재
*1 지분법 적용 회사.
*2 이와타야의 지배권을 획득함으
로써 연결 자회사에 포함시키
고 있다.
*3 주식회사 이와타야의 지배권을
획득함으로써 지분법 적용 회
사에 포함시키고 있다.

카드, 금융업 3개사
(주)이세탄 아이(I)카드,
(주)이츠츠야 위즈카드,
(주)에이지카드*1

기타 사업 16개사

해외 3개사
이세탄 (이탈리아)
S.P.A.
레키심 (싱가포르)
Pte. Ltd.
클로버 Co., Ltd.*1

국내 13개사

(수출입 등, 도매업)	(주)센트리 트레이딩 컴퍼니
(물류업)	(주)이세탄 비즈니스 서포터
(정보처리 서비스업)	(주)이세탄 데이터센터
(여행업)	(주)이세탄 트래벌
(종합 인재 서비스업)	(주)커리어 디자인
(사무 수탁업)	(주)이세탄 솔레이유
(빌메인테넌스업)	(주)이세탄 빌매니지먼트 서비스
(스포츠 시설 운영)	(주)이세탄 스윙
(조사, 연구 수탁업)	(주)이세탄 연구소
(부동산업)	(주)이세탄 회관
	신주쿠 지하 주차장(주)*1
(토모노카이 운영)	(주)이세탄 클로버 서클
	이와타야 토모노카이(주)*2

이세탄은 인재를 내보냈다. 앞에서 이야기한 오다큐 백화점뿐만 아니라 밀레니엄 리딩, 케이큐 백화점, 마츠야, 마츠자카야 등 스카웃 인재 공급원이 되었다.

또 공동 매입 기구인 ADO(전 일본 디파트먼트 스토어즈 개발 기구)를 통해서 전국의 백화점과 공동으로 상품 개발, 매입을 추진했다. 장래에 있을 백화점의 재편에서는 이 ADO, 즉 그 핵심인 이세탄 그룹이 주도적 입장에 섰다고 생각된다.

또 니시노유우, 한큐 백화점과는 업무 제휴를 체결하여 공동 개발이나 정보의 공유화를 실현했다.

주지하는 바와 같이 한큐 백화점은 한신 백화점을 수중에 넣고 칸사이 권의 패권을 장악했다. 제휴가 유기적으로 진행된다면 상호의 가치는 헤아릴 수 없고, 그룹력의 확대와도 결부될 것이다.

이와 같이 이세탄은 적극적으로 확대 전략을 내세웠고, 가치의 확대가 수익으로 직결되는 체제로 되어 갔다.

▋ 이세탄 센트럴 컨트롤의 비밀

지점이나 그룹 회사의 운영에 자신을 갖고 확대를 계속해 나갈 수 있는 또 하나의 요인은 이세탄의 센트럴 컨트롤의 확립이었다.

즉, 본부 레벨에서 상품 조달이나 매장 만들기 등을 리드하는 구조가 만들어졌다. 인재와의 유대와 구조로써의 유대로 컨트롤하려고 했다. 물론 전술한 것처럼 모든 것을 본부에서 컨트롤하면 지방의 실정에 맞지 않게 되고 잘 안 된다. 균형의 문제인데, 적어도 점포의 자주매장에 있어서는 본부의 제안력을 활용할 수 있도록 했다.

백화점에는 일반인들이 독자적으로 만드는 매장과 '하코'라고 하는 브랜드 업자나 메이커, 의류 도매상 등에게 맡기는 매장이 있다.

'하코'에 맡기면 백화점 측은 아무것도 하지 않아도 매상에 따라 수익이 올라갈 것이고, 그들은 브랜드력을 가지고 고객 집중력을 높일 것이다. 게다가 판매원을 보내주니까 인건비 부담 또한 덜게 된다.

백화점 측으로서는 모두 좋은 일이었지만 그것은 큰 효과나 좋은 결과를 초래할 가능성을 갖는 반면 크고 많은 위험성까지 아울러 갖는 것으로 백화점으로서의 권리가 없어지는 것이다. 당연한 이야기로 브랜드 측은 다른 백화점에도 같은 상품을 갖추고 같은 가격, 같은 매장을 만든다. 그런 브랜드 점이 여러 개 들어 있으면 각각 다른 백화점이면서 같은 점포를 꾸미게 된다.

게다가 가격이나 세일 등 판매 수법은 브랜드 측에 맡기기 때문에 백화점 측은 전 점포 통일로 캠페인을 펼칠 수도 없다. 상세히 말하면 고객의 데이터도 백화점 측에 전달되지 않는다. 결과적으로 '여러 가지 상품이 있지만 원하는 것만 없다'라는 쇠퇴의 원인이 되어 버린다.

그렇다면 백화점이 주도하여 상품 조달부터 매장 만들기까지 실시하면 되지 않겠는가 하고 생각할지 모르지만 그것은 그렇게 간단하지 않다.

우선 브랜드 측 등 거래처가 이에 응하지 않는다. 그들은 브랜드력을 보호하기 위해 자기 부담의 매장을 고집할 것이고, 백화점에 맡기면 브랜드를 손상하는 판매 방법을 취하기 때문에 판매에 대한 불안도 있다. 이익 배분에 대해서도 거래처의 경계심이 높다.

자주매장이라는 것은 기본적으로 백화점 측의 매입제. 그 만큼 백화점 측의 이익률은 높지만 어떤 상품을 어디에 두고 어떤 가격으로 설정할 것인가를 백화점 측이 주도하기 때문에 매입해주지 않으면 브랜드 측으로서도 위험이 너무 크다.

팔리지 않는 경우의 반품이나 재고 위험은 백화점 측이 부담하지만 그것도 오랜 관행 때문에 서로 미리 짜고 타협하는 경향이 있다. 힘 관계에서 말하면 자리를 제공하는 백화점 측이 역시 강하다. 때문에 파는 사람 측도 경계하고, 제법 잘 팔리는 상품은 제공하지 않을 것이고, 주도권도 내놓고 싶어 하지 않는다. 결과적으로 자주매장이라 해도 궁색한 매장이 되어 버리기 쉽다. 그런 매장은 지금도 산더미처럼 있다.

예전에 이세탄도 예외는 아니었다.

그러나 이세탄에서는 거래처에 대해 착실한 제안을 반복하여 실적을 쌓아 올려서 신뢰 관계를 구축해 나아갔다. 브랜드 측으

로서 자신의 브랜드력을 손상하지 않고 브랜드를 성장시키도록
잘 팔아 준다면 큰 메리트가 있다.

▐ 전략 매장으로써의 뉴즈 스퀘어

이세탄에서는 예전에 무명의 젊은 디자이너의 브랜드를 적극
적으로 도입하여 키운 경험이 있다.

또 현재도 본점은 '리스타일'이라고 하는 자주브랜드를 전개
하여, 지점에서는 '뉴즈 스퀘어'라고 하는 유니트 숍을 전개하고
있다. 이것은 단일 브랜드가 아니라 이세탄 측이 주도적으로 카
테고리별로 브랜드를 모은 매장이다. 예를 들면 손가방, 부인복,
캐주얼, 스포츠 용품 등 분야별로 이세탄이 엄선한 브랜드 상품
을 진열하는 것이다.

어느 정도의 브랜드 구별은 있지만 기본적으로 단체 브랜드
로 팔리는 것이 아니라 이세탄이 선정한 상품이라는 의미로 고객
은 매장을 여기저기 살피고 있다.

브랜드마다 상품 매장을 만들고 있다. 브랜드를 보호 육성하
면서 이세탄의 주장도 내세우는 매장 만들기의 어려움. 이것을
할 수 있는 것이 이세탄의 강점으로, 센트럴 컨트롤의 최대의 비
밀이기도 하다.

또 이세탄에서는 1993년부터 '온리 아이'라는 독자 브랜드의
개발을 추진하고 있다. 의류, 잡화 등을 중심으로 고품질의 것을

가치 이상의 가격으로 제공한다는 목표하에 이미 수천 아이템에까지 확대하고 있다.

구찌나 프라다, 빈트라는 인기 브랜드를 찾는 층이 감소하는 일은 없지만 이런 매장이 성립하는 배경에는 브랜드를 보는 눈이 높아진 층이 늘고 있다는 요소도 있다. 브랜드에 구애받지 않고 마음에 드는 좋은 물건을 분별하는 센스를 가진 소비자가 증가하고 있는 것이다.

이세탄에서는 이런 자주편집매장이나 자주브랜드가 주매출원으로 전체의 25%나 달했다(특판 행사, 선물 등 포함). 4분의 1이 다른 백화점에 없는 자신의 매장이기 때문에 다른 것과의 차별화가 두드러졌다.

이세탄에서는 이것을 30%까지 높이고 싶어 했지만 그렇게 되면 지금까지의 것과도 전혀 다른 오리지널 매장이 될 것이다.

이상적으로는 자주매장 100%일지 모르지만 유명 브랜드에 대한 요구도 강하고 고객 집중력이나 화려함을 감안하면 현실적인 이상 비율로는 '하코 6, 일반인 매장 4'라고나 할까. 그래도 다른 백화점과는 완전히 차별화 할 수 있다. 일반인들의 매상이 많으면 많을수록 이익률도 높일 수 있다.

이 시스템이 작용하고 있기 때문에 이세탄에서는 지방 점포의 확충이나 그룹화에 자신감을 굳게 가지고 있고, 놓여 있는 상황의 수익 확대에도 탄력이 붙는 것이다.

제2장

이세탄, 밑바닥에서 부활까지의 궤적

◆

버블기의 대실패, 창업 이래의 위기에서
어떻게 재기했는가

잇따른 중기계획 책정으로 계속 질주한다

전장에서 기술한 바와 같이 신주쿠 백화점 전쟁에 이기고 수익 확대를 꾀하고 있는 이세탄은 계속 일인자의 위치를 고수하려고 수익력 강화를 추진해 나아갔다. 그것은 3년마다 중기계획을 책정하여 한 걸음 한 걸음 그 목표를 달성해 나아가는 것을 보더라도 알 수 있었다.

이세탄의 중기계획은

　　중기 경영 5개년 계획 (1989~1993년)

　　이세탄 신생 3개년 계획 (1994~1996년)

　　신생 3개년 계획 국면 II (1997~1999년)

　　구조 혁신 3개년 계획 (2000~2002년)

　　가치 창조 3개년 계획 (2003~2005년)

도중에 중단하는 일 없도록 책정하여 하나하나 목표를 달성해 나아갔다.

또 장기계획으로는, 세기의 고비가 되는 2000년에 '이세탄 그룹이 지향하는 방향'으로써 10년 후를 가정한 계획을 책정, 그 후 2006년에 이것을 더욱 발전적으로 재검토하여 2015년을 목표로 하는 '이세탄 그룹 새 10년 비전'을 책정했다. 그 비전에 따라 최종 해인 2015년에는 (매상 1조 엔) 영업이익 500억 엔이라는 숫자를 내세웠다(앞에서 기술하였음).

그 10년 비전이 완성될 때까지 이세탄은 3년마다 중기계획을 책정하고 있었는데, 이것을 그만두고 롤링(rolling)적으로 재검토함으로써 보다 기동성 있게 목표를 달성해 나아가려 했다.

이런 잇따른 경영계획을 세워 나아가는 것은 소매 기업에서는 드문 일이었다.

소매 업태는 경기나 소비 동향 등 외부 요인에 영향을 받는 정도가 크기 때문에 중기적인 계획을 세워도 목표가 흔들려서, 재검토를 거듭하게 된다. 때문에 너무 긴밀한 계획을 세우는 것을 줄이고, 계획을 책정하는 힘을 다른 곳에 사용하면 좋지 않나 생각한다.

왜 이세탄이 이와 같이 집요하게 중기계획을 책정했는가에 대해서는, 어떤 의미의 당연성은 있지만 이런 계획은 수치 목표 이외에 보다 중요한 목표가 있다는 것으로, 이쪽의 목표가 흔들리지 않기 때문에 달성 가능하다는 것이다.

예를 들면 이세탄은 장기적인 기업 슬로건으로써 '패션의 이세탄'을 지향하여 '그 목표를 위해 어떻게 하면 될 것인가'라는 것을 중기계획에 반영한다. 번거롭고 짜증나는 작업이지만 이것을 싫증내지 않고 계속해 나아가는 데 이세탄의 무서움이 있었고, 또 지금의 호조 요인이 되었다고 볼 수 있다.

▋ 버블기 확대 전략의 대실패로 창업 이래의 위기

원래부터 중기계획의 목표는 수치의 달성에 있는 것은 아니다. 그것은 2차적인 요소로, 제일의 이세탄이즘이라 해야 할 근간을 구축하는 데 있었다.

그 궤적을 따라가면 이세탄의 현재의 융성이 단순한 일시적인 현상이 아니라 10년 이상에 걸친 피나는 고투의 결과라는 것을 알 수 있다.

1989년부터 시작된 5개년 중기 경영계획. 이 시기가 이세탄으로서는 가장 힘든 시기였다. 주식을 매점한 슈우와에게 회사를 빼앗기는 굴욕적인 사태를 맞기도 했지만 오히려 이세탄은 버블의 물결을 타고 맹렬한 확대 전략을 내세웠다.

이 계획으로 6개 목표를 내걸고 ① 백화점 본업, ② 외판 사업 및 ③ 관련 기업의 강화·확대, ④ 신규사업에 대한 적극적인 도전, ⑤ 국제화의 추진, ⑥ 카드 전략의 추진으로 이른바 종래형의 백화점 경영에서 벗어난 확대 백화점의 양상을 전개했다.

이 목표를 향해 기간 중에 3000억 엔의 거액을 투자하고, 최종 연도에는 본점에서 영업이익 300억 엔, 그룹 영업이익 480억 엔을 목표로 했다. 과연 버블기다운 박차를 가하는 계획이었다.

그런데 버블 붕괴에 부딪치고 또 제1 목표가 너무 커서 산만해지고 방법론도 갖지 않고 닥치는 대로 신규사업에 손을 대어 점포 투자보다 부동산 투자가 불어나는 등 몹시 혼란했다. 결과는 본점에서 영업이익 79억 엔, 그룹에서 100억 엔 정도밖에 달성 못하는 참담한 결과를 맛보게 되었다.

이것을 리드한 창업자 코스게 쿠니야스가 최종 연도에 사장 자리에서 물러남으로써 실패 상황을 엿볼 수 있었다. 코스게 사장의 퇴진에는 슈우와 대책의 실패라는 요소가 지배적이었지만 본질적으로는 이세탄을 잘못된 방향으로 인도한 것이 최대의 원인이었다.

▌ 신생 3개년 계획으로 본업 회귀

그 반성에 입각하여 다음의 '이세탄 신생 3개년 계획'이 책정되었다. 이것은 확대 백화점으로 다각화를 추진하는 방침에서 크게 궤도 수정을 하여 '본업 회귀'를 내세운 것.

그 기본적인 사고방식은 세 가지로 ① 백화점 본업의 재구축, ② 중점 투자, ③ 그룹 기업의 구조조정이다.

이른바 앞의 중기계획의 뒤처리 양상이 강한 것이 되었다. 이 시기에 슈우와 문제는 정리되었지만 너무 펼친 사업의 정리를 어디서부터 손을 대야 할지 몰랐고, 그리고 타카시마야의 신주쿠 진출을 앞두고 이세탄 경영진의 위기감은 절정에 달해 있었다. 이른바 배수의 진으로서의 중기계획이었다.

결과적으로 보면 이 신생 3개년 계획에서 성과를 보이고 극복함으로써 이세탄은 새로운 성장 궤도에 오를 수 있었지만 이 시기가 가장 괴로운 시기였을 것이다.

개중에서도 본업 회귀는 절박하고 가장 중요한 과제로서 ① 고객 정책의 재검토, ② 이익 창출의 구조 조성, ③ 기업 풍토의 개혁, ④ 인재 육성의 4가지를 추진해 나아갔다.

고객 정책에 대해서는 고객의 연령층을 종래보다 상세하게 분류, 그에 따라서 상품이나 매장을 만들어 가는 MD를 재구성했다. 동시에 센트럴 컨트롤 체제를 충실하게 하여 자주매장을 강화함으로써 이익 창출의 체질을 만들어 갔다.

③의 기업 풍토의 개혁에 대해서는 '고객 제일주의'를 모토로 조직을 변경하여 현장에서의 소리를 반영하는 조직을 만들어 나아갔다. 또 인재 육성에 대해서는 지금까지 전문가를 중시하고 있던 것을 전문직이나 넓은 시야를 가진 인재를 육성해 나아가는 방향으로 전환했다.

기본 방침의 ②로써 내세운 것이 '중점 투자'인데, 기간 중의 주된 투자로써는 마츠도 점의 매장 면적을 늘리는 것, 후추우 점 오픈, 본점의 개장이었다. 여기에는 약 400억 엔 정도의 비용이 들었다. 앞에서도 언급한 바와 같이 확대 일로의 중기계획의 수정이라는 의미가 강했기 때문에 과도한 투자를 삼가한 결과였다.

또 ③의 구조조정에 대해서도 마찬가지로 그룹 회사 등에서 넓힐 만큼 넓힌 사업을 본업에 따르는 형태로 집중시켜 불필요한 계열사를 청산했다. 처리한 기업은 국내에서 7개사에 달했기 때문에 철저한 궤도 수정을 꾀했다는 것을 여기서도 엿볼 수 있다.

▮ 페이즈(국면)Ⅱ에서 한층 더 심경을 도모하다

이 신생 3개년 계획은 버블기부터 본업 강화를 위해 길을 개척한 것이었다. 아직 좁고 거친 길이어서 길을 밟아 굳히고 폭도 넓혀야 했다. 그것이 1997년부터 1999년에 걸친 '신생 3개년 계획 페이즈Ⅱ'였다.

구조조정을 일단락 짓고, 다음 단계로써 본업 강화를 더욱 추진해 나아간다는 취지가 정해진 이 3년 간은 개별이 아니라 '이세탄' 전체의 브랜드 이미지를 높이는 데 주안을 두었다. 그렇게 하기 위해서는 상품 정책이나 서비스 향상 등으로 고객 만족도를 높여 나아갈 방침을 채택했다.

신생 3개년 계획인 본업 회귀를 현재 이상의 심경이라는 단계로 들어갔다.

각 점포의 상품 정책을 본부가 하는 센트럴 컨트롤 체제를 한층 더 정비하고 판매관리 시스템의 효율화도 추진했다. 그 때문에 상품관리 시스템을 철저하게 도입했다. 상품의 색, 사이즈 등 한 종류의 상품 레벨에서 하는 상품관리는 아이템 수가 수십만에 이르기 때문에 규모가 작은 슈퍼 등에서는 비교적 도입하기 쉽지만 백화점에서는 좀처럼 도입하지 못하고 있었다.

그러나 연대별이나 기호, 가처분 소득 등 고객의 속성에 대응한 MD를 하려면 상품관리는 불가결한 수법으로, 이 기간에 이세탄에서는 종래 30% 이하였던 상품관리 도입 비율을 80%이상으로 높이게 되었다. 이것은 그 후 '패션의 이세탄'이라는 이미지 침투에 큰 역할을 했다.

페이즈Ⅱ의 단체(기업 그룹에 포함되는 각각의 회사) 매출 4600억 엔, 경상이익 130억 엔의 달성이라는 목표를 내걸고 있었지만 수치는 이른바 알기 쉬운 목표 정도의 의미였고, 오히려 본업 강화를 위해 무엇을 할 것인가라는 데 중점이 있었던 것은 말할 것도 없었다.

여기서 중요한 것은 재생 계획 추진 중의 6년 동안에 이세탄은 인원 구조조정에 거의 착수하지 않았다는 것.

파트타임이나 1년 계약 등 채용 방법에 대해 궁리는 했지만 기본적으로 7300명의 종업원은 거의 줄이지 않았다.

구조조정에서 가장 민첩하게 작용하는 것이 인원 삭감이다. 경영이 악화된 기업은 반드시 인원 구조조정에 손을 댈 것이고 은행도 그것을 요망한다. 버블 붕괴 이후 회사의 빈틈 없는 경영자가 얼마나 많은 인원 삭감을 반복해 왔던가.

그러나 민첩하고 효과적이긴 하지만 그 반대로 인원에 손을 대면 중기적으로 기업으로서의 다리와 허리가 손상된다. 사원의

하고자 하는 마음, 활력, 현장의 힘이라는 것을 잃어버린다. 기업의 형태는 갖추어져 있지만 내용이 없는 뼈대, 즉 형식뿐이고 가치나 의의가 없게 되어 버리는 것이다. 경기가 회복하고 있는 지금에 와서 인원 구조조정이라는 이유로 악전고투하고 있는 회사는 어디에나 있다.

이세탄이 괴로움 속에서도 인원 삭감에 손을 대지 않았던 점이 현재 호조를 띠게 된 이유이다. 하긴 본업 회귀를 추진해 나아가는 과정에서 현장 중시로 인원 삭감에 손을 댈 수 없었다는 사정도 있었지만 이 시기를 극복함으로써 다른 곳으로의 인재 공급원이 될 정도로 풍부한 인재를 갖출 수 있었던 것이다.

▮ 구조 혁신 3개년 계획의 공격형 경영으로

그리고 2000년부터는 새로운 중기계획 '구조 혁신 3개년 계획'에 도전했다.

그 캐치프레이즈에서도 알 수 있듯이 이 시기는 설비 투자 등의 확대를 억제하고 본업에 관련된 근본적인 구조를 개혁해 나아갔다. 큰 투자라고 하면 남성관의 개장에 손대는 것 정도의 것으로, 내부 굳히기에 집중하고 보다 이익 창출의 체질을 만들어 가려고 했다. 그동안의 업적도 호조로 여기고, 어떤 의미에서는 여유가 생긴 현상이라 할 수 있었다.

그것에 따른 주된 목표로써는

① 운영, 판매까지 표준화(유니트화)한 자주편집매장의 강화 등
  에 의한 백화점업의 수익력 향상.
② 프라이비트 브랜드형 전문점 등 새 업태의 확립이었다.
　자주편집매장의 표준화는 상품 구성에서 인원 배치, 집기 등
을 통일하여 고객에게 제안해 나아가려는 것이었다.

　매장을 표준화 할 수 있으면 본점뿐만 아니라 그대로 각 지점
에도 이식할 수 있다. 즉, 보다 센트럴 컨트롤이 작용하는 체제로
될 것이고 상품이나 집기를 통일하기 때문에 효율화도 꾀하고 코
스트 삭감으로 이익률도 높일 수 있다.

　또 복수의 유니트를 합치면 점포마다의 특징이나 수요에 따
라 유연하게 대응할 수 있다. 예를 들면 젊은 여성용만의 패션 의
류, 핸드백, 잡화 등의 유니트숍을 만들면 그것은 이세탄의 점포
뿐만 아니라 외부의 점포로도 출점할 수 있을 것이다.

　예를 들면 쇼핑센터의 핵심 점포로써 그 유니트를 출점시키
는 것이다. 백화점을 통째로 출점시키는 것은 코스트나 리스크도
많이 들지만 유니트숍으로써 출점하게 하면 코스트도 낮고 점포
의 특징도 내세울 수 있고, 유연한 상품 정책도 채택할 수 있다.
물론 이세탄의 특징을 소비자에게 선전 광고하여 구매하는 소비
자의 욕구에 작용하는 효과도 크다.

　그 만큼 유니트화 하는 담당자의 센스나 교섭력 등 종합적인
역량이 문제가 되었는데, 이세탄에서는 그 성과로 지점에서 전개
하는 ‘뉴즈 스퀘어’ 라는 표준화, 세트화 된 점포를 2000년 봄에

오픈했다. 영 캐주얼을 묶어서 만들어진 매장으로, 그 후 뉴스 스퀘어는 확대되어 지금은 10개 점포에 이르고 있다.

여성용 '핸드백' '스타일링' '레이디용 진즈' '톱스&보톰스' '레이디 클로버' '팬티 스튜디오' '시즌 잡화' '레이디용 슈즈' 등이고, 남성용으로 '슈퍼맨즈' '맨즈캐주얼' '비즈니스 웨어' 등이다.

이것들을 점포의 특징에 맞추어 조합하여 출점했다. 유니트이기 때문에 획일화 된 매장으로 될 위험성은 있었지만 조합이나 상품 구색 갖추기 등에 점포마다의 특징을 나타내도록 마무리를 위한 조정으로 대응할 수 있었다.

현재로서는 쇼핑 센터 등에 출점은 없지만 공동 매입 기구 ADO(전 일본 백화점 개발 기구)에 가맹하고 있는 다른 백화점에서 이세탄의 유니트 숍을 도입하려고 하는 움직임도 있었고, 유니트화의 성과는 착착 오르고 있었다.

이 시기의 또 하나의 강화책인 PB(private brand) 전문점의 개발에 관해서는, 원래 온리 아이 등 PB개발에 정평이 있어서 그것을 한 걸음 추진하는 형태의 PB 강화로써 파악할 수 있다.

이미 온리 아이는 매상의 10%를 차지할 만큼 성장하고 있었지만 온갖 상품 분야로 펼쳐져 있어서 정리감이 부족했다. 점포에 가도 어디서 팔고 있는지 알 수 없었다.

실제로는 어느 매장에서나 취급하고 있었지만 산만한 느낌이 떠나지 않았다. PB전문점은 그것을 좀 더 좁힌 형태로 라이프스타일을 통째로 취급하려고 하는 시도였다.

예를 들면 현재 이세탄 본점의 지하 2층에서 전개하고 있는 '*BPQC'가 그것이었다.

*BPQC = 새로운 감성으로 통일된 라이프스타일을 제안하는 이세탄의 오리지널 숍.

프랑스어의 [Bon Prix = 적정한 가격으로], [Bonne Qualite=정확히 질 높은], [Bon chic = 보다 고감도의]의 머리글자를 따서 명명한 것이다.

이것은 매장 전체가 BPQC라는 브랜드 상품으로 통일되었다. 의류품, 식품, 액세서리, 핸드백, 모자, 생활용품 잡화, 수세용품, 방향제(aromatherapy), 페트용품, 네일아트(네일 패션) 등까지 생활의 모든 방면에서 필요로 하는 상품을 이세탄이 제안하는 PB. 개별 상품을 판다기보다 어떤 라이프스타일을 판다는 이미지에 가깝게 구성했다.

BPQC의 경우, 야마노테에 사는 중년 여성 또는 젊은 여성으로 비교적 부유하고 센스가 있는 생활을 즐길 줄 아는 그런 층을 겨냥했다.

극히 획기적인 시도인 BPQC로 인해 데이터의 수집도 충분하여 실험 매장에서 확립된 BPQC로써 다음 전개가 기대된다. 매장의 현장에서는 그와는 반대로 정체감도 있어서 다음 단계로 내디딜 수 없으면 점차 악화될 가능성도 있는 것이다.

▪ 가치 창조 3개년 계획으로 확실히 두드러진 확대 지향

본업 회귀를 주창한 3개년 계획의 4기째는 '가치 창조 3개년 계획'으로 계승되었다. 2003년 3월부터의 3년간.

기본 방침은 다음의 세 가지였다.

① 고객을 기점으로 한 사내 체제, 업무 흐름의 재구축.

② 구조 개혁의 심경, 조직의 테두리를 초월한 개혁의 실현.

③ 백화점 사업의 확대 전략에 대한 도전.

주목해야 할 것은 ③으로, 여기서 비로소 '확대'의 의도를 보였다. 이때까지는 사내 체제의 재구축에 쫓기고 있던 것이 밖으로 눈을 돌릴 수 있을 때까지 본업을 충실히 해 왔다고 할 수 있다. 또 이때까지 도전해 온 유니트화나 PB전개를 축으로 한 센트럴 컨트롤이 완성도를 높여 자신감을 갖게 된 것도 큰 이유였다.

확대 전략에 대해서는 후쿠오카 이와타야의 재건 지원, 한큐백화점, 이즈츠야(백화점의 하나)와의 제휴 강화, 공동 매입 기구인 ADO개혁의 추진, 퀸즈 이세탄, 버니즈재팬의 사업 내용 확대(2006년에 버니즈 매각을 결정하는데, 이 단계에서는 매각할 생각은 없었다), 중국 등지의 신규 출점의 검토라는 식으로 지금까지 손을 대 온 싹을 키워나가는 단계로 들어갔다. 이 확대 전략의 연장으로써 홋카이도의 마루이이마이도 지원한 것은 말할 것도 없다.

▌ 제3의 판매 방법 '다품종 대량 판매' 라는 사고방식

백화점의 확대 전략은, 예를 들면 슈퍼나 전문 체인점의 확대와는 약간 의미가 다르다.

소매가 이익을 얻기 위해서는 ① 다품종 소량 판매, ② 소품종 대량 판매 두 가지가 있다. 소품종을 소량 판매하는 방법도 있어서 프리미엄 상품 등에서는 효과적이지만 대량 판매 지향이 아니기 때문에 여기서는 언급하지 않겠다.

①은 말할 것도 없이 백화점에서의 상품 구색 갖추기, ②는 슈퍼나 전문점의 상품 구색 갖추기의 방향성이다. 단일 상품을 대량으로 판매함으로써 효과적으로 상품의 가격을 내리게 할 수 있고, 그 효과로 고객 집중력을 높일 수 있다.

다품종 소량 판매의 경우는 백화점과 같이 한 점포에서 모든 것을 조달할 수 있는 원스톱 쇼핑을 지향한다. 고객의 요구를 놓치지 않고 모두 받아들일 수 있다. 소비자가 원하는 상품 재고의 확인과 재고관리만 잘 조절할 수 있으면 극히 효율적으로 이익률을 높일 수 있는 판매 수법이다.

거기에 제3의 판매 방법이 더해진다.

③다품종 대량 판매다.

단순한 말로 같은 규모의 점포가 두 개 있으면 한 아이템 당 매상은 2배로 된다. 같은 규모 내지 같은 컨셉의 점포를 많이 가지고 있으면 다품종을 갖춤으로써 생기는 재고 리스크나 판매 기회 로우 리스크를 피할 수 있다.

원래 백화점은 백화점 전반을 취급하는 업태인 관계로 취급 품종이 많기 때문에 매장의 수가 '많으면 많을수록' 그 리스크는 줄일 수 있고, 다품종을 갖추고 고객의 요구에 대응할 수 있을 것이다. 백 엔 숍이나 유니크로(회사 이름)의 매장 등에서 그런 형태를 찾아볼 수 있는데, 그들은 아직 소품종 대량 판매의 연장에 불과하다.

물론 거기에는 취급하는 모든 점포에서 공통되는 절대적 상품(단일 상품)관리를 전제로, 그에 따라 매입·재고·판매를 행해 나아가는 것으로, 팔리는 상태의 파악은 절대적으로 필요(일반적으로 판매가 좋은 상품이라는 의미가 아니다)하다. 근거도 없이 단지 다품종을 갖춘다는 것이 아니다.

백화점이 의식적으로 이 수법을 도입하면 슈퍼 등의 다른 업태와 전혀 다른, 특징 있는 매장이 되고 또 이익을 낼 수 있는 매장을 만들 수 있을 것이다. 이세탄의 유니트 숍 '뉴즈 스퀘어'에 그 가능성을 엿볼 수 있다.

하긴 이 다품종 대량 판매는 아직 이론화가 확립되어 있지 않기 때문에 앞으로의 사고방식이 될 것이다.

▌ 이세탄 그룹이 지향하는 장기계획

가치 창조 3개년 계획의 또 하나 중요한 포인트는 ①의 고객 기점의 개혁이라는 사고방식이다.

MD(상품, 판매, 전개, 소구 등)을 중심으로 한 사내의 업무 전반을 조직을 포함해서 고객 기점에서 개혁해 나아간다고 하는 새로운 발상이다.

'고객 기점'이라는 슬로건 그 자체는 어떤 업태의 어떤 기업도 내걸고 있다. 대부분은 그것이 주장만으로 되어 있어서 '구체적으로 어떻게 하면 좋을까' 라는 실행 수단에까지 반영하지 못하는 것이 사실이다. 이세탄의 경우 이것을 정확히 구조부터 재검토하려 하고 있는 것이다.

고객 입장에서 본 이세탄은 '어떻게 하는 것이 바람직할까' 라는 것을 항상 생각하고 행동했다. 그 결과로써 이세탄은 고객의 것이며 거기에 지금까지 없는 새로운 가치를 발견할 수 있고, 이세탄 브랜드의 가치가 높아진다는 사고방식이다.

앞에서도 기술한 바와 같이 2005년도에 종료된 3년 단위의 중기계획은 2006년부터 롤링적으로 재검토하여 10년마다의 장기계획을 수렴하게 되었다.

보다 장기적인 시점에서 새로운 백화점 본연의 모습, 소비자에 대한 가치의 제안이라는 개혁을 추진해 나아가려고 하는 것이다.

이세탄에서는 3년마다 중기개혁 외에 보다 장기적인 비전을 정하는 장기계획을 책정했다.

2000년도에 책정된 것은 '이세탄 그룹이 지향하는 방향'이었다. 구조 혁신 3개년 계획과 가치 창조 3개년 계획은 그 장기계획에 따라 그 비전을 3년 단위로 구체화 했다.

신생 3개년 계획과 같은 페이즈Ⅱ에 의해 이세탄은 회복되었다. 여기까지는 방어의 경영을 하고 있었으나 전술한 바와 같이 2000년부터는 그것을 초석 공세에 나섰다. 그것은 중기계획의 내용이 크게 변한 것을 보더라도 알 수 있었다.

개인이든 조직이든 공세에 나서면 방어가 소홀해지는 것이 일반적이며, 방어가 흔들리면 공세도 축이 견고하지 못하여 방향성을 잃어 효율이 떨어지고 효과도 전망할 수 없게 되어 버린다.

그 축을 확고하게 확립해 둘 필요가 있다. 이세탄의 경우, 장기적으로 이세탄이 어디를 지향하고 있는가, 코스를 정확히 제시한 다음에 각각 구체적으로 공세를 펼치자는 것이 장기계획이 노리는 것이었다.

그것이 '이세탄 그룹이 지향하는 방향'이며 이것을 발전적으로 계승한 것이 2006년에 책정된 '이세탄 그룹 새 10년 비전'이었다.

새 10년 비전은 2015년까지의 10년 간에 걸친 큰 시점으로 만들어졌다.

그 책정에 수반하여 지금까지 계속해 온 3년마다 책정하는 중기계획도 이에 집약되는 형태가 되었다. 중기계획은 중단된 것이었다.

그러나 새 10년 계획의 제1단계로써 2006~2008년까지의 목표는 설정되어 있다. 장기 비전 중에서 롤링적으로 중기 비전을 재검토해 간다는 방법을 취하기로 했다.

이 기간에 지향하는 것은

① 이세탄 본점의 압도적 우위의 확보

② 신규 솔루션(solution)형 비즈니스의 창출

③ 판매의 질과 생산성의 향상

④ 이세탄 그룹을 구성하는 각각의 기능의 시장 경쟁력 확보

라는 것이었다.

이것은 이후에 기술한 바와 같이 구체적인 이세탄의 전략으로써 형태가 나타났다.

▌ 안정 성장으로의 자신감을 보여 주는 '새 10년 비전'

왜 지금까지의 중기계획을 버리고 장기계획에 수렴시켰는가 하면 오랜 고난의 시기를 거쳐 이세탄이 이후의 안정 성장에 자신감을 굳힌 것이 이유일 것이다.

3년마다 목표를 설정하여 목표 달성을 위해 전력 질주한다는 것은 업적이나 경쟁 등 발등에 떨어진 위기감을 부추기는 효과가 높고 즉효성이 크다. 그러나 그 만큼 대증요법적으로 되어, 구조적인 문제에는 좀처럼 손을 댈 수 없다.

기업의 근간을 받쳐 주는 구조적인 문제에 착수하려면 3년 간으로는 도저히 시간이 부족하고, 졸속하게 손을 대면 기업의 다

리 허리를 흔들리게 하는 리스크도 있게 된다. 게다가 백화점을 둘러싼 상황은 항상 변화하고 있으며, 장기 설정으로는 도저히 그 변화에 대응할 수 없다.

이세탄이 장기계획 책정에 도전한 것은 자신의 다리 허리에 절대적인 자신감을 확고하게 갖게 된 것, 마땅히 해야 할 방향이 확실히 보였기 때문이며, 90년대를 통해서 착실한 방법으로 재활에 도전해 온 결과라 할 수 있다.

새 10년 비전은 보여야 할 방향을 명확히 함으로써 흔들리는 일이 없는 축을 그룹 내에 통하게 한다는 의도를 엿볼 수 있다.

그 비전에 의하면, 이세탄이 지향하는 모습은

'항상 새로운 라이프스타일을 창조하여 고객의 생활 속에 온갖 도움이 됨으로써 고객 한 사람 한 사람으로서의' 마이 스토어가 되고 '고수익으로 확대 발전을 계속하는 소매 그룹'

으로 하고 있다.

그 비전을 달성하는 기업으로서의 구체적인 이미지는

① 특정 다수의 고객 한 사람 한 사람에게 대응할 수 있는 기업.

백화점은 기본적으로 불특정 다수의 고객을 상대로 하는데, 그 기본을 강요하면서 이세탄에서는 아이카드 등으로 둘러싼 고객의 욕구를 파악하여 그 모든 욕구에 대응해야 할 체제를 구축해 나아갔다.

②상품뿐만 아니라 일도 제공하는 기업.

상품 판매뿐만 아니라 금융 서비스 등 상품 판매가 아닌 것도 제공함으로써 고객의 생활에서 없어서는 안 될 '마이 스토어'가 되어 가려 했다.

③ 감동을 주는 기업.

고객의 만족을 상회하고 기대 이상의 가치를 제공하는, 한층 더 수준 높은 기업을 지향해 갔다.

그 저변에 일관 되게 흘러가는 것은, 이세탄이즘이라 할만한, 이세탄이라는 조직이나 구성원으로 물든 이세탄 DNA였다. 그것이 있기 때문에 버블 붕괴를 맞은 위기적 시대에도 빈틈없이 자신을 응시하여 본능적으로 올바르게 살아남는 방향을 선택할 수 있었던 것이었다.

▌ 공격형 경영 자세를 엿보게 하는 전략적 설비 투자

이 새 10년 계획에서는 숫자적인 목표도 설정했다.

2015년에는 영업이익 500억 엔과 2005년도의 300억 엔에서 70% 증가를 전망했다.

물론 경영 환경은 1년마다 격변할 것이고, 하물며 10년 후에는 불확정 요소가 너무 많기 때문에 이런 경영계획의 이익 목표는 정도가 높은 것이 아니라 노력 목표의 성질이라는 의미가 강했다. 하지만 이세탄의 현재의 기세로 보면 충분히 달성이 가능할 것으로 보인다.

숫자 면에서는 동시에 설정하고 있는 설비 투자 계획 쪽이 중요하고, 이세탄이 이후 얼마나 공세의 경영을 계속해 갈 것인가를 단적으로 알 수 있다.

즉, 이세탄에서는 이후 10년에 1500~2000억 엔 규모의 설비 투자를 추진할 계획이다.

백화점을 운영하는 데 있어서 항상 필요한 투자로써, 이세탄에서 본·지점 시즌 리모델링에 약 300억 엔, 시설 투자로써 약 500억 엔, 자회사 기타 개장까지 경상적 투자로 약 200억 엔, 총합계 1000억 엔의 투자를 예정하고 있다.

또 전략적 투자로써 본·지점의 대규모 리모델링에 약 200억 엔, 시스템 카드 관련 투자로 약 180억 엔, 해외 출점에 약 100억 엔, 관련 회사 투자에 약 30억 엔을 예정하고 있다. 현 단계에서는 약 510억 엔, 이것은 현재 예정하고 있는 것으로, 상황이 변하면 더욱 증가하게 될 것이다.

모두 캐시 범위 내에서 그치며, 버블기와 같은 무모한 투자에는 선을 긋고 있다. 하지만 전략적 투자는 공세의 투자라는 의미가 크고, 이 분야의 투자를 적극화 하고 있어 이세탄의 자세를 엿볼 수 있다.

제3장

브랜드로써의 '이세탄 DNA'

◆

창업 120년, 노점포로 끊임없이 계승되는
이세탄이즘의 진수

조직과 개인에게
침투하는 이세탄이즘이란

이세탄의 호조를 받쳐 주고 있는 것이 이세탄 조직의 저변에 흐르는 '이세탄이즘'이다. 그것은 DNA라 할 수 있을 정도로 뼈 속으로 깊숙이 침투하고 있다.

이세탄의 창업은 1886년 11월 5일. 2006년은 창업한 지 만 120년이 되는 해이다. 한 회사가 이 정도로 오랜 세월에 걸쳐 끊임없이 운영되어 왔기 때문에 그 조직, 사원의 구석구석에까지 '이세탄이즘'이라는 것이 물들어 있을 것이다. 그렇지 않으면 1세기가 넘도록 살아남을 수 없을 것이다.

이런 전통적인 회사 기풍, 즉 노점포의 힘이라 할 수 있는 무형의 힘이 DNA이다. 이세탄 DNA는 선배로부터 후배에게, 상사로부터 부하에게 오랫동안 끊임없이 전해지고 물들어 개인에게도 조직에서도 빼내기 어렵게 정착해 간다.

이렇게 강한 DNA가 있음으로써 이세탄은 크게 축을 흐트리지 않고 버블기의 위기 불황을 극복하고 경기 회복을 해 온 것이다. 그런 의미에서 조직이 갖는 본능이라 할 수 있는 것이 DNA의 실상인지도 모른다.

개인의 집합체가 조직이기 때문에 이 경우, 개인과 조직은 거의 같다. '거의'라는 것은 DNA를 갖지 않은 개인도 있다는 것이다. DNA가 약한 개인도 있다. 반대로 DNA가 너무 강한 개인도 있다. 그 집합체의 조직이기 때문에 조직으로써 이세탄이즘이 강한 경우와 겉으로 나타나지 않는 경우가 있게 된다.

시간적인 문제도 있고, 조직의 요소에 DNA를 갖지 않은 인재가 배치되면 나타날 도리가 없다. 이것은 조직으로써의 바이오리듬(biorhythm)이라는 것이다.

기업의 바이오리듬과 현실의 수익 체제에는 흔들림이 있는 것이 당연하며, 꼭 일치하는 일은 거의 없으며, 있어도 그 기간은 극히 짧은 것이 보통이다. 이 흔들림을 어떻게 적게 할 것인가. 이것이 경영자가 수완을 발휘할 점이다. 그 이상의 순간을 향해 노력하는 것이 경영의 영원한 테마라 할 수 있다.

이세탄에서는 조직으로써 이 테마를 항상 의식하고, 극히 의식적으로 조직과 개인에게 이세탄의 DNA를 계속 심어서 조직의 바이오리듬의 흔들림을 적게 하려 했다.

전장에서 기술한 계속되는 3개년의 중기계획의 책정도 그 일환으로, 숫자를 따르는 것이 아니라 이세탄의 DNA를 사원 한 사람 한 사람에게 침투시켜 이세탄의 인간이라는 프라이드와 자신감을 갖게 하고 활기 넘치는 회사로 만들어 갔다.

그 구심력이 된 것이 중기계획이었고, 그 목적을 보다 선명하게 내세운 것이 2000년에 책정된 장기계획이다. 2006년에 그것을 발전시킨 것이 '새 10년 비전'이었다. 때문에 이들의 장기계획은 이세탄 DNA와 밀접하게 관련되어 있다.

이세탄 조직에 흐르는 DNA란 ① 고객과의 관계, ② 정평 있는 패션 MD, ③ 현장주의, ④ 인재 중시, ⑤ 확대주의, ⑥ 위기의식이다.

이세탄은 포목점에서 출발했기 때문에 전통적으로 패션에 강했다. 현장 중시의 자세가 강하고 고객 제일주의를 철저히 했다. 또 방어에 편중하기 쉬운 백화점 업계에서는 새로운 것에 도전할 기개가 강했다. 인재를 존중하고 감성이니 재능이니 하는 요소를 중시했다.

다음 항목 이후에, 개개의 요소에 대해 언급해 나아가는데, 원래 각각의 요소가 독립하여 따로 존재하는 것이 아니라 그것들이 유기적으로 융합하고 서로 얽혀 있었다.

⁝ 이세탄의 '고객 제일주의'라는 DNA

백화점은 소매업이다. 이 당연한 정의를 잊고 있는 백화점이 극히 많다. 그것이 백화점의 저조를 초래하고 조직을 경직화 되게 만든다.

소매 사업자라는 것은 어떤 것인가? 매장이 항상 손 안에 있으며, 소비자가 무엇을 원하고, 무엇을 구입하고, 무엇을 사지 않는지 모든 데이터가 눈앞에 제시되어 있다. 하지만 대부분의 소매 사업자가 이것을 활용하지 못하고 있다.

또 매출이 몇 천억 엔 되는 대형 백화점에서도 그 매출은 수천 엔, 수만 엔의 작은 단위가 쌓여 이루어진다. 한 건에 몇십억 엔, 몇백억 엔이라는 큰 가격대가 있는 것이 아니고 적은 가격대의 물건이 꾸준히 팔려 쌓여 가는 것이다.

소매는 모두가 매장에 있다. 모든 것은 매장에서 시작하여 매장으로 되돌아온다. 당연한 것이지만 이것을 잊고 처음부터 하나로 합쳐진 매출이 있는 것으로 착각하는 경영자가 많다.

이에 대해 이세탄은 이 기본에 입각한 현장 중시의 전통이 있다. 그것이 고객 제일주의로써 현재에 이르고 있다.

원래 시작한 포목점에서는 대면 판매가 기본이고, 파는 사람은 항상 고객의 기호를 파악하여 구매 의욕을 자극해 가야 한다. 다만 상품을 진열해 놓고 고객이 멋대로 산다는 것이 아니다.

스스로 앞으로 나아가 고객과의 관계를 만들어 가야 한다. 또 패션에 강하다는 것도 같은 이유이다. 유행이나 무늬, 색 등 고객에게 계속 제안하지 않으면 고객은 떨어져 나간다. 그런 전통에서 소매의 기본이 오랫동안 끊임없이 계승되고 있는 것이다.

그것은 이세탄의 기업 이념에도 분명히 나타나고 있다.

이세탄의 기업 이념은 4개의 기둥으로 성립되어 있다.

① 근본 정신 (도의를 지키고 봉사하는 마음을 갖는 기업 경영)

② 기업 슬로건 (매일 새로운 패션의 이세탄)

③ 기업 비전 (이세탄은 사람들과 더불어 느끼고, 함께 생각하고, 내일의 생활을 창조한다)

④ 기업의 자세 (질 높은 만족감을 주는 가장 좋은 상품 구색 갖추기와 서비스를 한다)

그리고 이 기업 이념의 근저에는 '고객 제일' 이라는 발상이, 그 위에 모든 이세탄의 활동이 전개된다. 즉, 근간의 근간에 있는 것이 고객 제일주의라는 DNA다.

원래 '고객 제일주의' 라는 것은 어떤 소매 기업에서도 맨 먼저 내거는 기본 중의 기본이다. 그런데 대부분이 실질을 수반하지 않는 주장뿐이고, 실제로 고객 쪽을 보고 있지 않다는 것이 현실이다.

백화점이라는 것은 특히 그 경향이 강하고 불특정 다수의 고객이 매일 막대한 수요로 찾아오기 때문에 일일이 '고객을 제일'로 생각하고 행동해서는 다른 일을 뒤따라 갈 수 없다. MD든 접객이든 아무래도 회사 측의 형편이 우선하는 경향이 있다.

현장의 종업원이 마땅히 해야 할 것은 풍부한 상품 지식을 가지고 고객에게 설명할 수 있어야 한다. 벡터는 상품에서 고객으로 향하는 일방통행이다. 고객이 무엇을 요구하고 무엇을 생각하고 있는지, 고객 쪽에서 상품으로 향하는 것이 무엇인지 벡터는 고려하지 않는다. 오랫동안 그것에 익숙해져 있었다는 것이 백화점의 쇠퇴를 초래한 것이다.

　버블기의 이세탄도 예외는 아니고, 그 반성에 입각해서 고객 제일주의를 전면에 내세웠다.

　그것은 단순히 실질을 수반하지 않는 주장이었다. 또한 현장의 모든 업무면에서 고객을 우선 생각하도록 철저히 했다.

　구체적 방법론까지 반영한 고객 제일주의였다.

▮ 진정한 고객 제일주의야말로 매장을 변화시킨다

　이세탄에서는 1996년부터 회사 전체적으로 '매장(賣場:물건을 파는 곳)'의 호칭을 '매장(買場: 물건을 사는 곳)'으로 바꿨다.

　점포 앞의 매장은 소매업자가 팔기 위한 장소가 아니라 고객이 사기 위한 장소이기 때문에 우선 호칭부터 바꾸고자 했다. 이 '매장買場'은 이세탄이 만든 말이다. 다만 몇십 년 동안 업계에 '매장'이라는 호칭이 정착되어 있기 때문에 하루 아침에 바뀌는 것은 아니었지만 적어도 이세탄에서는 철저하게 '매장買場'이라 부르게 했다.

　그것은 고객 제일주의 실천의 첫 걸음이었다. 우선 형태부터 실천에 들어 갔다. 주장은 훌륭해도 구체적인 대책이 없으면 이상은 진전되지 못한다.

　'매장買場'이라는 호칭, 직접적으로 관계가 없는 사람 입장에서 보면 약삭빠르고 촌스럽게 보이지만 그래도 철저히 계속 그렇게 부름으로써 종업원의 의식 바탕에 '우선 고객을 생각해야 한다' '그런 직장인 것이다' 라는 마음이 스며들게 했다. 그것은 촌스러우면 촌스러울수록 알기 쉽고 효과적이라 할 수 있다.

그것에 이어 현장에서의 실천은 '직장의 약속' 운동이었다.

이것은 타이틀 그대로 직장마다 고객 중시의 테마를 정하고 약속하여 그것을 실천해 나아가자는 운동이었다. 예를 들면 '바쁠 때일수록 웃음 띤 얼굴을 잊지 않고 접객하겠습니다' 라든가 '고객으로서 보기 쉽고 사기 쉬운 매장買場 만들기를 합니다' 라는 약속을 정하고 그것을 직장 전원이 실행해 나아갔다.

그것도 단순한 슬로건이 아니라 직장의 매니저 이하 팀 멤버가 항상 그 약속을 의식하여 실행해 나아갔다. 약속을 실행하기 위해 '무엇을 하면 좋을 것인가' 라는 가설을 설정하여 실행했다. 실행한 결과 '어떤 성과가 올라갔는가' 라는 검증도 하여 다음의 가설에 결부시켰다.

그 결과 약 640팀이 각 직장에서 실제 업무를 하면서 약속을 설정하여 실행해 나아갔다.

▐ 현장에서 하나의 도전이 전 종업원을 움직인다

2004년도에 뉴즈 스퀘어의 부인용 구두팀에서는 '발에 고민이 있는 고객을 상대로 저스트 피트 페어(just fit fair)를 개최한다' 라는 직장의 약속을 설정했다.

부인용 구두라는 것은 패션감이 강할 뿐만 아니라 개개인의 발 모양이 천차만별하여 고객이 꼭 알맞은(fit) 구두를 찾는 것이 꽤 어렵다. 마음에 드는 구두는 사이즈가 맞지 않고, 사이즈가 맞는 것은 디자인이 마음에 들지 않는다는 등 섬세한 욕구에 대응하지 못하고 있었다.

이세탄 팀은 그 약속에 따라 메이커의 테두리에 구애되지 않고 대체품을 권할 수 있는 정보를 공유화 하기 위한 툴을 개발하여 판매 체제를 조절했다.

한 메이커 제품의 사이즈나 컬러가 고객의 취향에 맞지 않으면 같은 사이즈의 다른 메이커 구두를 바로 권할 수 있도록 종업원의 능력을 높였다. 피팅(fitting)이나 손질 방법 등을 판매에 활용할 수 있는 지식을 습득하기 위해 한 달에 한 번 공부 모임을 실시하여 어떤 발의 고객에게나 대응할 수 있게 했다.

또 실제로 현장에서 갖가지 발의 고민을 듣고, 그 고민을 받아들여서 바이어와 공동으로 오리지널 구두를 개발했다.

이런 도전의 집대성으로써 그 해의 10월에는 지점에서 '저스트 피트 페어'를 개최했다. 오리지널 구두의 제안이나 판매원에 의해 적극적인 카운슬링을 하여 그 연도에 매출을 대폭적으로 신장시켰다.

이 팀은 2004년도에 사내 최우수 팀으로 선정될 정도로 도전에 열심이었다. 팀마다 목표를 설정하여 그 목표를 달성하기 위해 '어떻게 하면 좋을 것인가' 서로 지혜를 짜내어 실천했고, 그 성과를 매일 업무에 반영하여 그것이 어떤 매장 만들기와 결부되고 고객의 만족도 향상과 결부되는가를 검증했다.

검증 결과가 나쁘면 어디가 어떻게 나빴는가를 확인하고 다른 도전을 시도했다. 처음부터 모든 것이 순조로운 것이 아니기 때문에 시행착오를 현장에서 착실한 방법으로 반복했다.

종업원으로서는 보통 매뉴얼대로 접객을 하면 이상 없이 처리할 수 있다고 생각하는 것이 보통이다. 간단히 말해서 마음 편하다.

관리하는 측도 편하다. 이것을 적극적이고 자주적으로 수준을 높이도록 하여 실행시키는 것이 지극히 곤란하기 때문에, 위에서 강요하는 형태로는 틀림없이 실패할 것이고 아랫사람에게 맡겨두면 움직이지 않는다.

전 종업원이 같은 고객 입장에서 수준을 높이는 의식을 공유함으로써 비로소 가능하게 되는 것이다.

▮ 현장에서의 훌륭한 정보, 의사소통 방법

직장의 약속을 실현하려면 조직이 의식적으로 현장을 중요시하고 있어야 한다. 현장의 소리나 정보를 무시해서는 고객 제일주의는커녕 현장 측에서도 소리가 나오지 않게 될 것이고, 위에서 내리 누르기만 하는 언밸런스의 조직이 되어 버린다.

그것은 직장의 톱에 있는 세일즈 매니저(SM)에 대해서도 마찬가지로, 일반적으로 SM은 종업원의 관리나 상품, 재고관리 등 관리 업무가 중심이 된다. 그런 관계로 매장에 나가는 일이 없다. 그러나 이세탄에서는 이 관리 업무를 IT도입 등으로 간소화 하여 SM을 될 수 있으면 매장에 나가도록 하고 있다.

판매원에 섞여서 상품을 직접 파는 것은 아니지만 담당하는 매장에서 무엇이 필요한가, 무엇이 부족한가, 항상 두루 살피고 있는 것이다. 물론 점포에 따라 다르고 사람에 따라 다르지만 SM은 하루 1만 보 이상 점포를 걷는다고 한다.

이 현장 중시주의가 있음으로써 비로소 직장의 약속이 어떤 형태로 이행되고 고객으로부터 새로운 수요를 계속 파악할 수 있는 것이다. 반대로 판매의 현장과 상사, 조직의 상부와의 정보, 의사소통이 잘 안 되면 현장 중시는 단숨에 무너진다. 상사의 이해가 없는 곳에서는 현장은 스스로 움직이려 하지 않는다. 그것이 인간의 성격이다.

조직이라는 것은 그것이 고정되어 있는 것이 아니라 감정의 생물인 사람에 의해 구성되고 있는 것이기 때문에, 조직을 결성하는 사람의 커뮤니케이션이 결핍되거나 정체해 있어서는 조직이 움직이지 않게 된다. 그 커뮤니케이션은 정보, 의사소통이라고도 한다.

현재의 이세탄에서는 그 정보, 의사소통이 순조롭게 작용하고 있지만 조직인 이상 항상 정체의 위험은 안고 있다. 언제 정체하여 경직화 될 것인지 모르는 것이다. 이것을 정체되지 않게 하기 위해서는 평소의 착실한 노력밖에 없다.

⁞ 본래 있어야 할 '고객 제일주의' 기본으로 되돌아가다

이세탄의 '고객 제일주의'란 어떤 것인가? 고객이 말하는 것이라면 무엇이든 받아들인다는 의미일까? 고객이 찾는 것을 전부 제공한다는 의미일까?

백화점과 고객과의 관계는 어떤 것일까? 골똘히 생각하면 상품을 파는 사람과 사는 사람이라는 것이 된다. 그렇다면 파는 사람은 자신이 취급하는 상품의 내용을 알고 있으면 된다는 것이 된다. 상품을 제공하여 사고 안 사는 것은 고객의 자유라는 입장이다. 그것이 종래의 백화점 매장이었다.

그런데 그것뿐이라면 백화점을 찾아온다는 의미는 부족하다. 점원이 적은 슈퍼에서도 점원이 거의 없는 디스카운트 점에서도 고객의 행동과 심리는 그다지 다르지 않는 것이 된다. 백화점에 찾아온다는 것은 고객은 상품 설명 이상의 부가가치를 요구해 온다는 것이다.

보다 고도의 상품 설명이었거나(금년의 유행이나 트렌드 혹은 그 상품에 부가되는 갖가지 정보 등) 판매원과의 약간의 커뮤니케이션이었거나(기분 좋은 웃음 띤 얼굴, 리피트 고객을 기억하고 있다는 것 등) 호화로운 분위기를 맛보고 싶어 했거나(호화로운 점포 만들기와 고급 상품 등) 다른 업태에는 없는 백화점의 접객 특징을 요구해 오는 법이다. 이것이 백화점 영업의 기본이다.

이세탄은 그 기본으로 되돌아가려 하고 있다. 그것이 직장의 약속이며 고객 기점이라는 사고방식이다. 그렇기 위해서는 고객과의 커뮤니케이션이 최대의 수단이 된다.

▋ 고객의 신뢰를 얻는 접객은 매뉴얼화 할 수 없다

한마디로 고객과의 커뮤니케이션이라 해도 상황은 항상 변하고 있으며, 동일한 케이스 같은 것이 있을 리도 없고 매뉴얼화는 할 수 없다. 처음 오는 고객은 물론이고 몇 번씩 점포를 찾아오는 낯익은 고객이라도 고객 측의 기분 차이로 전혀 다르게 응대하는 일이 간혹 있다.

같은 응대라도 고객의 기분이 뒤틀려 있을 때와 흥분하고 있을 때와는 전혀 다르다. '좋겠지' 하고 말한 한마디가 기분을 상하게 하거나 자세히 상품을 설명하면 잔소리하고 있다고 반발하는 일은 보통의 인간관계에서 간혹 있을 것이다. 그것은 양자 사이에 감정의 엇갈림이 있기 때문이다. 인간인 이상 그 엇갈림을 완전히 일치시킬 수는 없다.

그 엇갈림을 최소한으로 억제하는 것이 고객과 종업원, 즉 점포 측과의 '신뢰' 라는 것이다.

대전제로써 백화점 측은 품질이 좋은 상품을 제공한다. 이것은 당연하며 백화점의 상품이 좋은 것이라는 신용은 불가결하다.

게다가 필요한 것이 백화점 독자의 질 높은 서비스를 제공하는 것. '저 백화점은 고객들을 생각하고 있다'고 고객의 신뢰를 얻는 것이다. 그 신뢰를 구축하는 것이 '고객 제일주의'다.

그것은 고객이 말하는 것을 무엇이든 듣는다는 의미는 아니다. 그것은 반대로 고객을 무시하고 있다는 것과 이어진다.

예를 들면 불평 불만을 늘어놓는 고객이 백화점에는 많다. 생트집을 잡는 고객도 있을 것이다. 그런 고객의 주장을 '귀찮으니까 그대로 들어 버려라', 혹은 '무시해 버려'라는 대응을 대부분의 백화점은 취하기 쉽다.

그런데 중요한 것은 그 고객의 주장을 고객의 입장에서 진지하게 듣고 왜 고객이 불평 불만을 가지고 있는가를 분석하고 개선해 나아가는 것이다. 또한 직접적으로는 고객이 알아듣도록 백화점 측의 입장을 설명하고 납득시키는 것이다. 그리고 노력을 해야 한다.

진지한 대응이 불평을 장황하게 늘어놓는 고객의 마음을 부드럽게 하고 납득시키는 것이다. 그 때문에 고객 측의 입장에 서서 생각해 본다는 것이 고객 제일주의의 옳은 방식이다. 그리고 그 결과로써 고객과 점포 측과의 신뢰 관계가 조성된다.

'잘 어울립니다'라는 말 한마디가 단순한 영업상의 멘트이지만 정말로 그렇게 생각하고 하는 말인지를 고객이 어떻게 받아들일 것인가는 신뢰 관계가 있는가 없는가에 달렸다.

▮ 이세탄의 팬은 매장에 있는 종업원, 회사 그 자체이다

　상품의 설명이나 부수적인 서비스, 애프터 케어 등 고객 위함을 생각하면 단순한 상품 판매 뿐만 아니라 그 전후에 해야 할 것들이 많이 있다. 물론 고객이 요구하는 모든 것에 응한다는 의미는 아니다.

　다만 전후의 서비스는 직접 돈과 결부되지 않는다. 그 때문에 그것을 해오지 않았어도 지금까지 백화점의 본질적인 신뢰 관계와 결부되지 않았다. 고정 고객도 단순히 그 백화점의 이름으로 결부되어 있는 상태가 많았다.

　이세탄에서는 주장뿐만이 아닌 고객 제일주의로 서비스라는 것을 다시 한 번 재검토하고, '어떻게 하면 고객이 기뻐해 줄 것인가' 라는 서비스의 원점에서 모든 업무를 바꾸어 갔다.

　고객은 물론 상품 조달, 매장 만들기라는 표면의 업무뿐만 아니라 재고관리, 경리 등의 후방 업무까지 고객의 만족을 팔기 위해 다시 구축해 간 것이다.

　그런 노력은 반드시 고객 측에도 평가된다. 이세탄의 팬이 급증하고 있는 것이다. 이세탄에서 취급하고 있는 상품이 아니라 매장의 팬이며, 종업원의 팬이며, 회사 이미지의 팬이며, 회사 그 자체의 팬이다.

　당연히 그들은 가장 중요한 리피터가 된다. 그들은 구매 고객이라는 의미도 크지만 그 이상으로 이세탄과 신뢰로 결부되어 있는 고객이라는 의미로 중요하다.

원래 대면 판매가 중심이기 때문에 고객의 신뢰를 얻는 노하우는 축적되어 있다. 이른바 DNA로써 침투하고 있는 것이며, 그것이 버블기 전후에는 좀처럼 표면에 나타나지 않았던 것뿐이다.

또 한 가지 중요한 것은, 그때까지 고객의 신용 조성 재능은 종업원 개인의 것이 대부분이며, 이야기를 좋아하거나, 남에게 호감을 주거나, 화제가 풍부하거나, 혹은 말재주가 없거나, 개인의 성격이나 인품이라는 속성에 따르기 때문에 직장 안에서나 회사 전체에서도 그런 재능의 공유화나 계통화를 하지 못하고 있었다.

이세탄의 획기적인 점은 고객 제일주의를 주창하면서 조직으로써 의식적으로 종합적으로 고객의 신뢰를 얻으려 하고 있다는 점이다.

화려한 백화점답지 않은 착실한 작업의 반복이지만 그것을 싫증내지 않고 한결같이 계속할 수 있는 것이 이세탄의 DNA로 물든 고객 제일주의의 발로라 할 수 있다. 이것이 이세탄의 대단함이다.

원래 용이한 길은 아니지만 서서히 성과를 올리고 있는 것도 있으며, 이후 백화점이라는 업태가 새로운 진화를 할 때의 모델 케이스가 되는 것은 틀림없다.

▪ 이세탄의 아이카드는 왜 연회비가 유료인가

이세탄이 고객 제일주의를 실천하여 고객으로부터의 신뢰를 얻고 있는 중요한 현상 중의 하나로써 아이카드(이세탄 자회사의 신용카드)의 정착을 들 수 있다.

아이카드라는 것은 이세탄의 점포에서 사용할 수 있는 하우스카드(이세탄의 할인 등 특전이 있는 전용카드)다. 이것을 사용하여 물건을 사면 할인 혜택의 특전이 있는데, 유력한 고객의 유치책으로써 이세탄뿐만 아니라 대부분의 소매업자가 도입하고 있다. 도입하지 않는 곳은 거의 없다. 지갑 속이 카드로 넘치고 있는 것은 이 하우스카드 때문일 것이다.

이세탄의 아이카드가 다른 하우스카드와 다른 점은 두 가지가 있다.

우선, 1년째는 무료지만 2년째부터는 연간 2100엔의 연회비가 든다는 점이다.

대부분의 하우스카드가 무료이다. 유료인 경우는 극히 드물다. 고객을 유치할 목적에서도 아무튼 회원이 되어 주기를 바라는 것이 발행사 측의 심리이다. 회원이 되면 할인율의 확대나 서비스 우대 등으로 카드를 유지하게 하여 물건을 살 때마다 자신의 점포를 이용하게 한다는 당초의 목적과 결부되는 것이다.

확률은 적지만 카드를 갖게 하여 잠재 고객망을 넓혀 자기 점포의 이용과 결부시키고자 한 것이다. 또 회원이 되게 하여 고객

개인의 속성을 파악함으로써 메일이나 신제품 안내 등의 영업과 결부시키는 것도 중요한 전술이 된다.

그렇기 위해서는 무료로 마음 편히 회원 가입해 주도록 해야 한다. 관리 코스트는 들지만 그것은 필요 경비로써 흡수된다. 유료로 하면 아무도 가입해 주지 않을 것이다.

그 흐름에 과감히 도전한 것이 이세탄이다.

유료로 해도 회원은 도망가지 않는다는 자신감이 있었지만 그 이상으로 고객의 얼굴이 보이는 카드 전략을 방침으로 하고 있었기 때문에 지금까지 언급한 고객 제일주의의 연장에 따른 상호 신뢰가 없었으면 불가능한 판단이었다.

무료로 폭넓게 회원을 모은다는 것은 고객 측으로서는 얕보고 있다고 생각할 것이다. 그다지 필요를 느끼지 않고 그 하우스 카드로 숫자 맞추기 하는 것에 불과하다고 생각할 것이다. 때문에 고객 측도 그 하우스카드에 대해서 적극성을 가지지 않는다. 아무리 유리한 서비스를 제시해도 사용하거나 사용하지 않아 결국에 가서는 장롱 깊숙이 처박고 만다.

유료로 하면 분명히 회원 수는 준다. 그러나 범위가 좁혀진 회원으로서 이세탄은 특별한 존재가 된다. 예를 들면 대기업의 주주가 된 것과 같은 것이다. 그것이 아무리 적은 보유주라도 가지고 있는 한 그 기업과의 관계를 의식하지 않을 수 없다.

아이카드의 회원이 된다는 것은 그에 수반하는 메리트도 크지만 구체적인 메리트 이상으로 그 관계를 유지하고 싶다는 데 있다. 즉, 고정 고객으로서 빈틈없이 카운트할 수 있을 것이며, 이세탄 측으로서도 회원의 '얼굴이 보인다'.

2006년 현재 회원 수는 130만 명에 달하는 것으로 생각되는데, 회원 개인으로서는 다른 곳처럼 130만 분의 1의 존재가 아니라 이세탄과 다이렉트로 이어져 있는 원 오브 원이라는 관계가 된다.

▦ 아이카드는 구매액에 따라 할인율이 달라진다

또 하나의 특징은 구매액에 따라 할인율을 바꾸고 있다는 것이다.

카드를 사용하여 이세탄에서 물건을 사면 기본적으로 5% 할인이 된다. 거기다 연간 20만 엔 이상 구매하면 이듬해에 7%를 할인해 준다. 또 연간 100만 엔 이상을 구매하면 10%를 할인해 준다. 3단계의 할인 서비스를 하고 있는 것이다.

이것 역시 리스크가 큰 선택이었다. 일반적인 하우스카드로써는 거의 동일한 할인율을 실시하고 있다. 고객에게 불공평한 느낌을 갖게 하는 것은 하우스로써 고객 서비스의 의식에 반한다는 사고방식이다.

그런데 이세탄에서는 연간 20만 엔 이하의 고객과 연간 100만 엔 이상의 고객에게 같은 서비스를 제공하는 것은 고객으로서 공평감이 없고, 그것은 올바른 서비스가 아니라는 사고방식이다.

점포 측은 상품의 매입에 있어서는 대량 매입으로 가격을 끌어내리고 이익률을 높이는 바이잉 파워by Buying Power(구매력)가 상식이다. 그러면 왜 그것을 고객에게 적용하는 것일까? 고객의 입장에서는 대량으로 구입하기 때문에 보다 높은 서비스, 즉 할인율의 확대를 요구하는 것은 당연하다. 자신들이 하고 있는 것을 고객에게는 대응하지 않는다는 것은 고객 제일주의에 반하는 것이다.

견해에 따라 오만한 자세다. 유료인데다 고액 회원을 우대한다는 것은 일반 회원을 업신여기고 있다고 파악할 수 있다.

그런데 그것은 적정한 가치를 제공한다는 이세탄의 사고방식에 의거한 것. 고객을 위해 무엇이 최선인가 하고 생각한 결과이기 때문에 이세탄은 이 방침을 바꿀 수는 없다.

그리고 실제 회원으로부터 대우에 관한 불만이 나오지 않는다는 것은 회원도 이세탄의 방침을 납득하고 있기 때문일 것이고, 그것이 이세탄에 대한 고객 측의 신뢰에 의거한 것임은 분명하다.

이세탄이 고객에게 도움이 되지 않는 일을 할 리 없다고 하는 무형의 신용이 있기 때문에 다른 하우스카드로서는 할 수 없는 유료, 단계 할인을 실시할 수 있었다.

이런 회원이 이세탄을 받쳐 주고 있다. 실제 카드 회원은 130만 명 정도이지만(추정) 그 회원이 이세탄 매출의 55%를 차지하고 있다.

단골 고객을 단단히 붙잡고 있는 것이다.

▋ 금융 서비스의 '언젠가 지나온 길'을 경험으로 피할 수 있는가

상품을 판매만 하는 것이 아니다. 이세탄의 서비스는 상품 이외의 분야에도 적극적으로 전개하고 있다. 예를 들면 2007년 봄까지 증권회사와의 제휴에 의해 증권 중개업에 참여할 것을 결정했다. 점포 내의 전문 코너를 통한 보험 판매에도 나섰다.

이런 보험 판매나 주식 매매 등 자산운용의 상담에 응하는 금융 서비스의 전문 코너를 우선 사이타마 시의 우라와 점포에 시험적으로 개설했다.

2005년, 시험적으로 시행한 우라와 점포와 타치카와 점포에서 생명보험 상담에 대해 이세탄의 사람이 고객과 함께 보험 내용을 재검토했다. 보험이라는 것은 구조가 복잡해서 일반 개인으로는 좀처럼 알 수 없다. 어떤 것을 모르는가조차 모른다고 하는 사람도 많다.

그런 고객과 상담하여 재검토의 필요가 있으면 이세탄이 주선해서 해약이나 신규 계약 등을 해 나간다는 것이다.

이것이 호평을 받아 우라와 점포에서 120명이 상담을 받아 79명이 계약을 했고, 타치카와 점포에서는 120명 중 102명이 계약했다. 일반적으로 생각할 수 없는 높은 계약율을 달성한 것이다. 이세탄이 직접 보험 상품을 판매하는 것이 아니라 보험회사와 고객 사이를 중개했다. 그 때문에 금융업으로의 진출이라는 의미에서가 아니라 어디까지나 고객 서비스의 일환이라는 위치를 차지했다.

이 실적을 밑천으로 9월에는 도쿄, 신주쿠의 본점에 인접하는 이세탄 회관 내에도 같은 코너를 개설하여 서비스를 확대했다. 더구나 2년 후까지 니이가타 이세탄 등 그룹 회사를 포함한 전체 11개 점포에 전문 코너를 개설할 방침이었다.

아이카드로 단골 고객으로서 떠맡는 부유층을 금융 서비스에도 반영할 목적으로, 백화점 업계에서는 처음 있는 시도였다.

이세탄의 타케후지 사장은 자사의 카드 회원에게 제공하는 새로운 서비스에 대해서 '생활의 온갖 국면에서 도움이 되도록 하고 싶다' 는 사고방식을 설명했다.

고객으로부터의 요망이 많은 서비스로써 ① 부동산 취득 중개, ② (상속세 대책이나 유언 신탁 등) 재산 관리, ③ 건강식품 재료나 생활 필수품 택배 — 등을 들어 '3년 간에 5개 정도 해나가고 싶다' 고 했다.

동사의 '고객 제일주의' 를 부연해 가면 이런 금융 서비스에 대한 전개는 필연적이다. 고객이 찾는 것을 제공한다. 고객의 생활 전반에 관여해 나아가는 백화점의 새로운 모습을 모색함으로써 주목된다.

다만 백화점의 본업인 상품 판매를 소홀히 해서는 안 된다.

금융 서비스에 경주하는 도가 높아져 가면 버블기의 확대 전략이 실패한 전철을 밟는다. 금융이라는 것은 잘 되면 굉장히 번다. 부당 이득처럼 로우 코스트로 고수익을 탐할 수 있다. 인건비와 수고가 드는 상품 판매와 비할 바가 아니다.

부동산 중개 같은 것은 단위가 큰 만큼 수수료도 막대하다. 본업은 제쳐놓고 부동산을 구입한 버블기의 후유증에 얼마나 괴로워했는지 잊지 않았을 것이다. 고작 십수년 전의 실패이기 때문에 경험적으로 극복할 수 있다고 생각하는데, 이 점에 대해서는 너무 위험성이 크다.

아무리 사실성이 없는 주장을 해도 하고 있는 일이 같다면 '언젠가 지나온 길'을 다시 한 번 나아갈지도 모르고, 절도 있는 사업 전개도 요구될 것이다.

또 최초는 아이카드 회원의 고정 고객용 서비스라도 사업이 궤도에 오르고 확대해 가면 고정 고객 이외의 층에도 손을 벌리게 될 것이다. 그것을 피하려고 하면 이번에는 신규 고정 고객이 늘어나지 않는다. 이 부분의 조타수(리더)가 어려워지게 될 것이다.

그런 의미에서도 이세탄의 비 물품 판매 서비스의 귀추가 주목된다.

⁝ 이세탄은 왜 회원 증가를 위한 노력을 하지 않는가

또 아이카드로 마음에 걸리는 것은, 130만 명의 아이카드 회원을 가짐으로써 이세탄이 그 자체에 대해 만족하고 있는 것처럼 생각된다는 점이다.

금융 서비스에 대한 전개도 아이카드의 부유층을 대상으로 한 것이고, 이런 하우스카드에서는 드물게 유료라는 것도 이세탄 팬인 고정 고객을 꼭 잡겠다는 것은 틀림없다. 연회비를 지불해서라도 회원으로 남아있는 고객은 확실히 이세탄에서의 쇼핑을 전망할 수 있다. 이런 카드 회원을 향해 서비스를 강화하는 것은 잘못된 것이 아니다.

그런데 카드 회원이 늘면 늘수록 이세탄의 매출이 더욱 신장한다는 것도 틀림없는 사실이다.

100만 엔 클래스의 회원은 대체로 늘릴 수 없겠지만 20만 엔 클래스의 회원을 늘리는 것은 방법에 따라서는 충분히 가능하다. 1000명 늘리면 2억 엔이 증가한다.

이런 점에서 이세탄은 무관심하지 않은가 하고 생각된다.

사담이지만 필자도 아이카드가 무료일 때 회원이었다. 유료화 되면서 탈퇴했지만 쇼핑에 대해서 이세탄은 '원 오브 뎀'이라는 것이 큰 이유다. 기분적으로 아이카드에 구속되는 것이다.

요컨대 쇼핑할 때마다 이세탄으로 발길을 옮긴다는 것은 아니다. 타카시마야도 미츠코시도 세이부에서도 요카도오도 유니크로라도 때와 기회에 따라 살 상품은 다르고 살 점포는 많이 있다. 자유롭게 선택하고 싶은 아이카드로서는 그렇게 하기가 곤란하다.

또 회원을 탈퇴시켜 깨닫는 것은 이세탄의 매장에 가면 왠지 모르게 소외되고 있다는 느낌이 든다는 것이다. 카드 회원이라면 이세탄과의 공동체 의식이 있지만 일단 벗어나면 왠지 모르게 거리를 두게 되는 것이다. 이런 고객은 많다고 생각한다.

물론 이세탄이 패션의 이세탄을 강조하도록 상품의 매력으로 고객을 이끄는 것이 아이카드 회원을 유지하는 결정적 수단이긴 하다. 하지만 아이카드 자신이 전술로써 회원을 늘리는 방책을 내세워도 좋지 않을까.

▌패션 브랜드로써의 이세탄 DNA

이세탄은 전통적으로 패션에 강하다. 포목상에서 출발한 역사를 보더라도 그것은 DNA와 밀접한 관계가 있다는 것을 쉽게 납득할 수 있다.

특히 여성도 패션 의류에서는 백화점 제일의 센스와 브랜드의 매력을 자랑한다. 또 남성관에서 보듯이 지금까지 어떤 의미에서는 여성몰의 첨가물 취급이었던 것을 완전히 독립시킨 공적은 크다.

여성몰의 경우, 유행의 변화는 무서운 속도로 내달린다. 남성몰의 경우는 거기까지는 아니고 좋은 것을 오래 애용하고 싶다는, 수요에 따르고 있는 것도 남성관이 성공한 요인이다.

6월 초순 이세탄 본점 1층.

부인용 구두나 핸드백, 액세서리 등의 코너와 화장품 부스가 진열되는 에스컬레이터 옆에 5평 정도의 코너가 있다.

거기에 진열되어 있던 것은 추동용 코트나 스웨터, 슈트 등 여성복이었다. 몇 사람의 디자이너를 모아서 한정적으로 추동용 패션을 진열하고 있었다.

6월초라고 하면 아직 장마철에 들지 않은 시기다. 여름용도 나돌지 않는다. 그런 시기에 추동용이다. 상식으로는 생각할 수 없는 일이다.

게다가 북적거리고 있다. 좁은 코너라 옷걸이 진열을 하고 있는데, 그래도 그 틈바구니에 여성 고객들로 들끓고 있었다. 오전 시간대이기 때문에 다른 매장은 하나둘씩밖에 고객이 없는데 이곳에는 많은 사람이 모여 있을 정도니까 그 인기를 엿볼 수 있다.

게다가 단순히 신기하다는 빈정거림이 아니라 그녀들은 진지하게 상품을 체크하기까지 하여, 실제로 많이 팔리고 있었다.

이 현상은 이세탄의 고객에게는 패션 센스가 좋은 고객이 많다는 사실과 동시에 그것을 알고 추동용 기획을 설정한 이세탄 측의 센스 있는 정확함을 엿보게 한다. 패션의 이세탄이라는 슬로건이 장식품이 아니라는 것을 증명하고 있는 것이다.

▋ 패션의 이세탄을 상징하는 '패션연구소'

패션의 이세탄을 상징하는 것은 자회사의 '이세탄 패션연구소'일 것이다.

1957년에 설립되었다. 해외의 최첨단 패션 유행을 연구하는 것을 목적으로 설립되었는데, 그 성과를 이세탄의 상품 만들기, 매장 만들기에 어떻게 활용할 것인가를 제시하는 역할을 담당하고 있다. 이 연구소에는 지금도 기성복 도매상의 관계자들이 찾아와 가르침을 청하고 있다 한다.

이미 반세기에 달하는 전문 패션연구소로써, 축적된 노하우는 막대하다. 이것이 패션 이세탄의 조직을 받쳐 주고 있는 것이라 할 것이다.

백화점의 MD(상품 정책)라는 것은 취급하는 상품의 선택에서 발주, 매입, 가격 설정, 진열, 선전, 브랜드 소구, 애프터 서비스까지 상품에 관한 모든 업무를 가리킨다.

각기 중요한 작업으로, 유행에 뒤진 상품을 매입하면 팔리지 않을 것이고 때맞춘 매입이 아니면 역시 팔리지 않는다. 가격 설정도 고객이 요구하는 가격이 아니면 팔리지 않는다. 11000 엔과 9800엔은 팔리는 모양이 전혀 다르다.

진열 방법에도 새로운 고안을 요하고, 팔고 싶은 상품은 눈에 띄는 전면에 진열하고, 수요가 많지 않고 별로 팔리지 않는 상품은 재빨리 뒤뜰로, 특정한 상품군을 매력적으로 연출하기 위해 적당한 장소에 코디하고, 매장의 집기 배치나 선택도 중요하다. 물론 판매원의 재능도 MD에 포함된다. 각각 정착한 이론은 있으나 이론대로 팔리면 그러한 수고는 필요 없다. 어느 백화점이나 항상 시행착오를 계속하고 있는 것이 현실이다.

MD의 중요한 것은 그 백화점이 '무엇을 어떻게 팔고 싶은가'

라는 의사의 구체화이며, 백화점의 사상의 표현인 것이다.

그러므로 매장을 보면 그 백화점이 어떤 사상을 가지고 어떤 이상을 가지고 있는가를 알 수 있다. 이세탄은 자신이 갖는 주장을 가장 강하게 내세우는 백화점이라 할 수 있다.

▋ 이세탄 본점의 테마는 '패션 스트리트'

이세탄의 본점은 구조적으로 호화롭지는 않다. 미츠코시 본점 중앙에 벽이 없는 거대한 건축 양식이나 타카시마야 니혼바시 점포의 큰 계단 등이 있는 호화로운 현관, 마츠야 긴자 점포의 벽 없는 우아한 건축 양식으로 된 공간과 같은 점포의 호화로움으로 고객을 심취하게 하는 것은 구조적으로 무리다.

각 플로어는 모두 변화가 없고 입체감이나 공간성도 부족하다. 백화점의 가장 중심이 되는 1층도 밝은 내장 등으로 압박감은 없지만 특히 천장이 높지 않다.

본관의 2~4층 여성 패션 매장은 평탄한 구조이지만 그 디스플레이에는 머리를 짠 듯하다.

플로어 전체의 테마는 스트리트. 고급 주택지의 차분한 길도 있는가 하면 상공업자들이 많이 거주하는 번화한 상점가를 연상케 하는 길도 있고, 학생 거리와 같은 활발한 길도 있다는 식으로, 주 통로를 둘러싸고 가로지르듯이 여러 가지 모양을 한 길이 이어져 있다.

통로를 보면 판자를 붙인 바닥, 밝은 리놀륨, 납작한 돌을 깐 바닥 등 여러 가지로 고안한 것도 있다. 고급 브랜드가 나란히 진열된 모퉁이도 있는가 하면 많은 상품을 일부러 잡다하게 나열하여 활기 넘침을 연출한 코너도 있다.

예를 들면 3층의 한 모퉁이는 샤넬, 카르체, 펜디, 구치와 같은 고급 브랜드의 부스가 나란히 있고 발렌티노, 조르조 아르마니, 입생로랑, 모스키노 등으로 플로어의 두 변을 둘러싸듯이 나란히 진열하고 있다.

매장 안이 보이지 않게 한 숍도 있고, 마치 고급 주택가를 걷고 있는 느낌의 숍도 있다. 모두 고급 부티크의 점포 구조로 되어 있고, 상품 수는 적고 센스 있는 좋은 공간을 연출하고 있다. 옷걸이 진열 같은 것은 하나도 없다.

같은 층의 반대쪽에는 맥스마라, 모가, 버글레(vaguelette)라는 브랜드 등이 장소가 좁다 할 정도로 한데 모여 있고, 눈이 쏠릴 만한 코너도 있고, 많은 고객들로 활기를 띠고 있다.

3층은 대체로 중년 여성 코너이고, 2층은 좀 더 젊은 여성 코너이다. 전체적으로 젊어지고 있는데 역시 블록에 따라 얼굴이 다르다. 폴 스미스, 베네사 프류노, 프르미에 브랜드가 나열된 부스가 있는가 하면 신데렐라시티라는 모퉁이에는 C찬스, 카이라니, 푸마의 밝은 브랜드가 진열되어 있다.

이 일대는 10대에서 20대 전반까지의 젊은 여성용이기 때문에 확실히 젊어지고 활기를 띠게 됐다. 대부분은 옷걸이 진열로 되어 있고, 상품의 수도 많아 젊은 여성들이 북적거리며 고를 수 있다.

4층은 연령층으로 분류하지 않은 층이다. 젊은 여성, 중년 여성이라는 종래의 MD가 아니라 층 전체가 어떤 층에도 대응할 수 있게 되어 있다. 패션 센스가 있는 첨단의 감각을 갖춘 여성용이라 할 수 있다.

의류뿐만 아니라 보석, 잡화, 핸드백 등도 취급하고 있다. 티파니, 데비아스, 피아제, 샤넬, 블가리, 돌체 & 가파나, 프라다, 크리스찬 디오르 등 고급 브랜드가 퍼레이드를 펼치고 있는가 하면 그 모퉁이를 돌면 뮤뮤, DKNY, ICB, 꼼싸 드 모드, D&G 제품이 약간 낮은 연령층을 대상으로 고객을 맞고 있다.

2층에서 4층까지 다른 세계의 거리에 나온 것 같은 기분에 사로잡혀, 여성이라면 하루종일 있어도 싫증나지 않을 것이다. 패션의 이세탄을 표방하는 만큼 브랜드의 충실한 모양, 상품의 구색 갖추기, 진열의 멋진 센스, 공간의 연출 등까지 '과연' 하고 감탄의 소리가 절로 나올 만한 것도 있다.

이와 관련하여 5층은 가구·인테리어·가정용품, 6층은 베이비 아동복·문방구·행사장, 7층은 레스토랑과 포목 등의 매장으로 되어 있다.

본론에서 벗어났지만 백화점의 상층에 있는 식당가는 좀 더 고안이 필요했다. 매사 비싸고 맛이 없고 특징이 없었다. 음식은 손님 모으기의 중요한 요소인데 이세탄을 포함해서 어느 백화점이나 너무 무관심했다.

한 가지 안으로써 유명 음식점을 유치하여 당일만의 우선권이나 예약권을 내주었다. 고객은 자신의 시간이 올 때까지 쇼핑하다가 시간이 되면 느긋하게 식사를 할 수 있었다. 음식점으로써는 돈벌이가 안 될지 모르겠지만 손님 모으기 코스라 생각하면 백화점 측의 일고의 여지는 있다고 생각한다.

▪ 자주편집매장을 간단하게 만들 수 없는 이유

패션의 이세탄을 표방하는 이세탄 자신은 단순히 의류품이라는 좁은 의미의 패션이 아니라 '의식주의 모든 것을 포함하는 신선한 감성' 의 것이라는 자리를 차지했다. 그것을 이세탄의 구석구석까지 채워나가, 패션이란 '날마다 새롭게 해 나가는 공기' 라는 보다 넓은 의미로 파악하여 '매일 새로운 패션의 이세탄' 이라는 슬로건을 내세웠다.

의류품뿐만 아니라 라이프스타일을 종합적으로 제안해 나아가는 것이 패션이라는 것이었다. 그 흐름 속에 앞에서 기술한 금융 서비스의 전개도 겹쳤다. 금융 서비스에 대해서는 갓 착수했기 때문에 평가하기 곤란하지만 상품 판매 분야에서도 단순한 패션 의류에 그치지 않는 시도를 계속하고 있었다.

패션 의류에 대해서도 단순한 연령층이나 상품 분야별로 구분된 매장이 아니라 라이프스타일이나 조합 등을 중시한 매장을

이세탄 신주쿠 점 2층

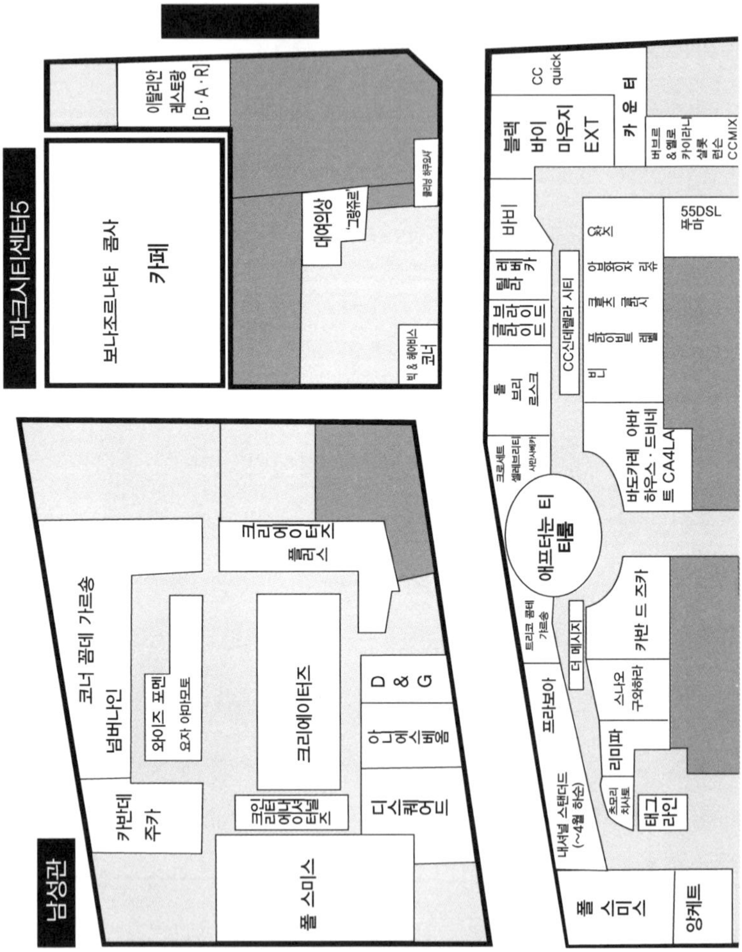

파크시티센터5
보나조르나타 콤사 카페
이탈리안 레스토랑 [B·A·R]
대여의상 '그랑쥬르'
남성관
코너 꼼데 가르송
넘버나인
와이즈 포멘
요자 야마모토
카반데 주카
크리에이티즈
크리에이티즈 플러스
D & G
폴 스미스
블랙 바이 마우지 EXT
CC quick
카운터
바비
55DSL 푸마
CC신데렐라 시티
애프터눈 티 티룸
더 메시지
프라보아
내셔널 스탠더드 (~4월 하순)
리미파
태그 라인
폴 스미스
앙케트

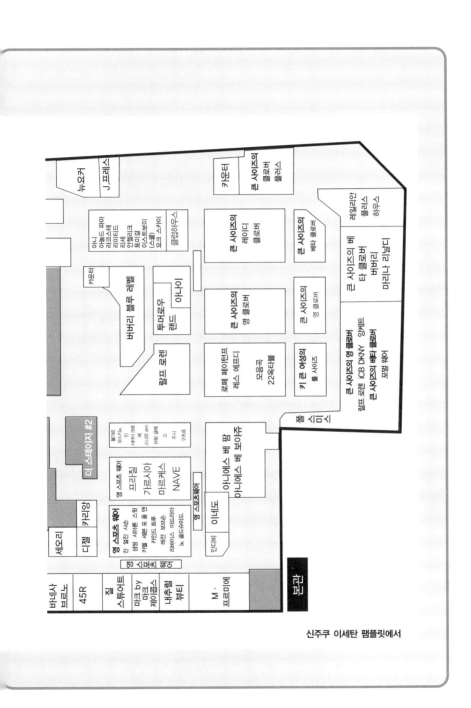

신주쿠 이세탄 팸플릿에서

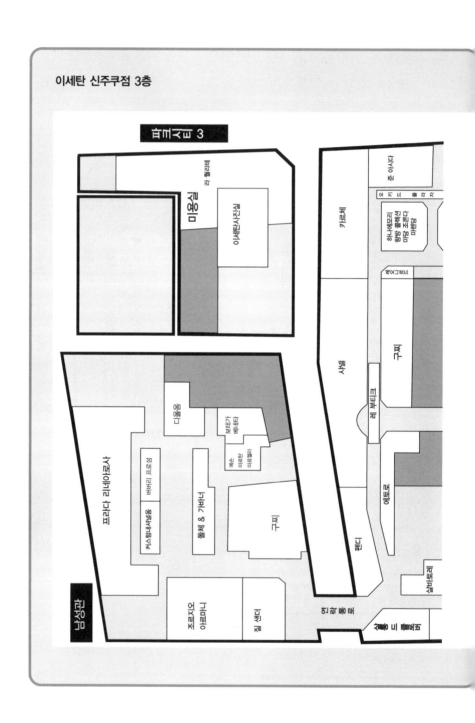

이세탄 신주쿠점 3층

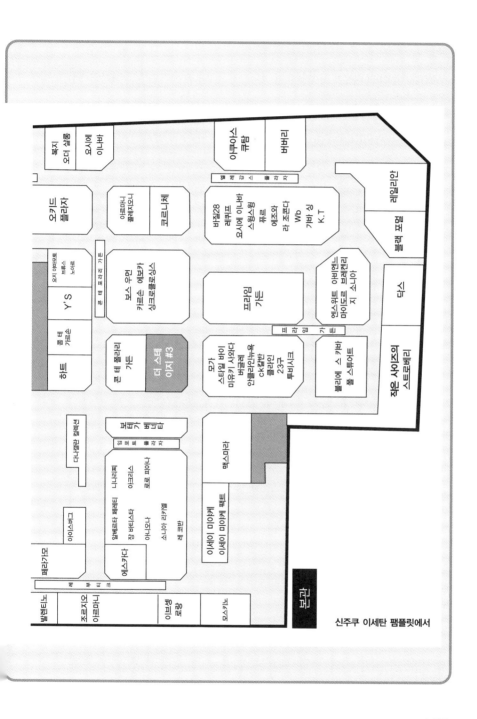

신주쿠 이세탄 팸플릿에서

만들려고 했다. 물론 그것은 개별 브랜드에 의존하는 종래의 백화점이 아니라 백화점 자신이 주도권을 발휘한 자주편집매장의 풍부함과 결부되었다.

유력한 브랜드에 부스를 대여하여 매장을 만드는 것은 간단했다. 브랜드가 갖는 힘으로 고객 집중력은 높을 것이고, 계약금뿐만 아니라 상품이 팔리는 정도에 의해 일정한 마진이 들어오게 되었다. 백화점 측은 아무것도 하지 않아도 이익을 낼 수 있었다.

그러나 이런 유력한 브랜드는 다른 백화점에서도 매장을 낼 수 있는 것이었다. 때문에 유력한 브랜드에 의존도가 높으면 다른 백화점과 같은 매장으로 되어 버린다. 큰 효과나 좋은 결과를 초래할 가능성을 가지고 있는 반면, 많은 위험성을 아울러 가지고 있기 때문에, 이것은 특징 없는 백화점이 되고 자신의 주축이 약해져 수많은 백화점이 쇠퇴해 갔다.

그러니까 '자주편집매장을 늘리면 되지' 하고 누구나 생각하지만 그것이 용이한 것은 아니었다.

우선 자주매장을 구성하는 바이어의 능력에 한계가 있다. 백화점이라는 것은 명문 기업이기 때문에 우수한 인재가 모인다. 학교 성적이 좋은 우등생으로 협조성이 풍부한 인재를 채용한다. 즉, 재미도 우습지도 않은 인재들만 모이기 때문에 자주편집하는 센스가 없다.

특히 여성용 패션은 유행에 민감하여 변화가 심하고 고감도의 센스가 요구된다. 이런 면에서의 능력이 결정적으로 부족하다. 물론 외부의 기획 회사에 전부 위탁해 버리면 간단하지만 그러면 유력한 브랜드를 도입하는 것과 무엇이 다르겠는가.

또 백화점 경영자에게 명확한 비전이 없는 것도 자주편집매장이 육성되지 않는 요인이다. 자신의 백화점이 어떤 점포를 지향하고 있는지 명확히 표현할 수 없다. '지역 제일의 점포'라든가 '여러분에게 사랑 받는 점포' 등 듣기 좋지만 내용은 어떤가? 구체성이 결여되는 비전으로는, 외부는 말할 것도 없고 종업원에게 전해지지 않는다.

그 때문에 자주편집매장의 담당자도 어떻게 매장을 만들면 좋을지 모르고, 어중간한 매장이 되어 버린다. 경영자에게 확고한 신념이 있으면 종업원으로서는 그에 일치하도록 움직이는 것이다.

마찬가지로 경영자의 단호한 지지가 없으면 자주편집을 할 수 없는 것은 오랜 동안 조성해 온 거래처와의 관행을 타개할 수 없기 때문이다. 협력을 요구해 온 브랜드 측은 자신의 잘 팔리는 상품을 제공하는 데 난색을 보인다. 얼마로 어떻게 팔 것인지 경계하기 때문에 매력 있는 잘 팔리는 상품을 내놓지 않고 수준이 떨어지는 상품을 내놓는다.

그 결과 고객 집중력이 있는 좋은 매장을 만들 수 없다. 이 거래처와의 관계를 개선할 수도 없다. 근본적인 상호 신뢰 관계가 만들어져 있지 않기 때문이지만 오랜 동안에 구축된 인적 유대나 거래 조건, 거래 그 자체를 무너뜨리는 각오가 없으면 관계를 변하게 할 수 없다. 그런 각오를 뒷바라지 하는 경영자의 의사가 없으면 할 수 없다는 것을 말하는 것이다.

⁞ 패션의 이세탄을 상징하는 '리스타일'

이세탄의 자주편집매장은 백화점 제일이라 할 수 있다. 제1장에서 기술한 바와 같이 거래처와의 확고한 신뢰 관계로 매장을 만드는 데 그 최대 요인은, 기업으로서 '패션의 이세탄'으로 살아남는다는 강한 의지가 있기 때문이다.

그 의지가 선명하게 나타나 있는 매장이 본점에 있는 '리스타일'이다. 지점 베이스로 말하면 유니트 숍의 '뉴즈 스퀘어'이다. 후자에 대해서는 이미 언급했기 때문에 여기서는 리스타일에 대해 살펴보도록 한다.

리스타일은 본점 4층의 에스컬레이터 옆에 있는 10평 정도의 매장이다. 통일감이 없는 잡다한 느낌으로 디스플레이 되어, 상품도 어딘지 모르게 어수선해 보였다.

여러 브랜드가 될 대로 진열되었고, 그 대부분은 무명 브랜드였으며, 대상으로 하는 연령층도 각기 달랐다. 중·장년층의 검소한 슈트도 있는가 하면 젊은 여성용 팬티도 있고, 차분한 어른 여성에게 어울리는 조용하고 침착한 블라우스도 있었다. 고르고 있는 여성 고객의 층도 각기 달랐다. 가격도 그다지 높지 않기 때문에 거리낌없이 들러 보고 있는 것 같았다. 그렇다고는 하지만

10대는 없고 20대 전반부터 40대 정도까지 고객층이 폭넓었다.

이것은 단순히 자주편집매장에서 브랜드를 한 군데 모은 것이 아니라 이른바 '리스타일'이라는 브랜드 매장으로 만든 것이었다. 이세탄이 '패션을 이렇게 생각한다'라는 매장을 실현한 것이었다. 그에 반응하는 여성 고객이기 때문에 연령층은 각기 달라도 누구나 입고 있는 옷은 센스가 있어 보였다.

리스타일이 주장하는 것은 '진보' '최신' '확인'의 세 가지 기호였다. 극히 급진적으로 시대에 편승하여 약간 품위 있는 옷을 입었을 때 느끼는 좋은 기분, 그리고 기분 좋게 입도록 하려는 것이 목적이었다.

그 때문에 유명, 무명의 특정한 브랜드에 구애되지 않고 이세탄의 매입 담당자가 자신의 발로 상품을 찾고, 또는 무명이지만 재능 있는 디자이너를 발굴하여 이세탄이 추구하는 옷을 만들게 하는 작업을 계속하여 완성한 매장이었다. 때문에 매장의 상품 변화도 심했다. 패션의 변화가 격심하기 때문에 더욱 첨단으로 갈 것을 지향하는 매장은 잇따라 새로운 것을 제공해 나아가야 했다.

리스타일이 갖는 의미는 하라주쿠 등에 많이 있는 숍, 그것도 일정한 기호를 가진 고객에 맞추어서 하나의 메이커나 브랜드에 고정시키지 않고 의류, 가구, 자질구레한 잡화 등의 상품을 갖춘 백화점의 점포라 할 수 있다.

이른바 우라하라라는 하루주쿠의 뒷골목에 무명이지만 강렬한 자신의 스타일을 지닌 디자이너가 의류품이나 잡화 등의 조그만 가게를 내어 자신의 스타일에 매력을 가진 사람만 와 주면 된다는 식의 점포였다. 자신의 센스에 맞으면 자주 다니고, 맞지 않으면 한 번 가고 마는 곳이었다. 그만큼 패션 센스에 민감한 젊은 여성들이 강력히 지지하는 곳이었다.

그런 급진적인 센스를 가진 사람들은 백화점에는 발길을 옮기지 않는다. 자신에게 어울리는 것, 자신에게 어울리게 할 수 있는 것을 고를 수 있는 자율, 내적인 센스를 가졌기 때문에 백화점의 판에 박힌 듯한 브랜드에 매력을 느끼지 않는 것이다.

이 소비자를 어떻게든 백화점으로 불러들이고 싶은 것이 이세탄의 리스타일이었다. 때문에 연령별 구별 없이 센스 있는 고객을 불러들이고 싶다는 의도가 있었다.

갖가지 브랜드나 디자이너의 옷으로 넘치는 약간 어수선한 리스타일의 매장은, 고객으로서는 자신의 센스에 맞는 '의외로 진귀하고 싼 물건'을 발견하는 즐거움이 있었다. 일종의 벼룩시장에서 기호에 맞는 것을 발견했을 때의 기쁨과 자랑스러움에 공통되는 점이 있어서, 이 즐거움을 맛보기 위해 쇼핑을 한다는 소비자도 많았다.

또 센스가 발달한 고객을 위해 매장 약간 앞쪽에 '리스타일 플러스'라는 코너를 마련했다. 패션업계에서는 '예리하다'라고 표현했는데, 최첨단의 센스를 지닌 층을 위한 패션 의류나 액세서리를 취급했다. 연예인의 옷장 같은 화려한 의류가 진열된 코너도 있었다.

▋ 이세탄의 원점은 '해방구'에 있다

개별 브랜드에 구애받지 않고 숍의 브랜드를 강조하여 리스타일을 다른 백화점의 바이어가 같은 종류의 매장을 만드는 것은 어려울 것이다.

극히 모험적인 시도이기 때문에 경영자가 결단을 내리지 못하고 실행을 주저한다면 실현하지 못한다. 이세탄은 패션의 이세탄을 지향한다는 명확한 목표가 있기 때문에 경영자의 지지가 있었다. 그와 동시에 히트한 '해방구'에서의 성공 체험이 있기 때문에 가능했다.

1994년에 본점 1층 매장에 탄생한 '해방구'는 바로 획기적인 매장이었다.

1층의 거의 중앙, 에스컬레이터 가까이에 있는 삼각형 모양의 '더 스테이지'라고 하는 곳에 무명의 디자이너들이 만든 패션 의류가 죽 진열되었다.

그것들은 젊고, 참신하고 화려한 여성용 정장들로, 지금까지 백화점의 패션 의류에는 없는 새로움으로, 주로 젊은 여성들의 폭발적인 인기를 얻었다. 해방구라는 이름도 어딘지 모르게 젊고 활기가 넘쳤으며, 게다가 도전적인 느낌도 들었다.

무엇이 획기적인가 하면 대부분의 제품들이 신예의 젊은 디자이너들의 것이라는 점이다. 백화점이라는 것은 '격'을 중시한다. 그들이 백화점 매장에 작품을 진열할 기회는 거의 없다. 강한 브랜드력과 오랫동안 쌓아온 실적이 없으면 백화점은 계약하지 않으며, 그 어떤 것도 부족한 젊은 디자이너들에게 있어서는 작품이 아무리 좋은 것이라도 백화점 루트는 열리는 일이 없었다.

하지만 그것이 복수의 공동 매장이기는 하지만 해방구라고 하는 단 하나의 매장에 자신의 작품을 내놓을 수 있게 된 것이다. 찾아오는 고객뿐만 아니라 같은 업종의 백화점 관계자들도 놀랐다. 다만 다른 백화점은 추종할 기미는 전혀 없고 이세탄의 모험을 차가운 눈으로 지켜보고 있을 뿐이었지만…….

해방구는 이런 디자이너들에게 문호를 개방한 첫 시도라 할 수 있다.

게다가 상품은 완전히 이세탄의 것이었다. 자금력이 부족한 신진 디자이너로서는 바라지도 않은 좋은 조건이었고, 이세탄 측도 스스로 리스크를 안음으로써 필사적으로 팔기 위한 MD를 거듭해 갔다.

후에 해방구에서 취급한 디자이너들이 독립해 나갔다. 대표적인 것이 안나 스이(Anna Sui). 이국 정서가 풍기는 듯한 패션 의류로, 이세탄에서도 숍으로 독립했다. 해방구는 이런 디자이너들을 키우는 역할을 한 셈이었다.

이미 12년이 경과한 해방구는 대체로 1년에 2회, 기간은 1개월 정도로 젊은 디자이너와 팀을 이루어 매장을 개설해 나아갔다. 해방구를 주도한 것은 카리스마 바이어로 알려진 후지마키 유키오였다.

현재는 이세탄을 퇴사하고 후크스케의 부회장, 이토오요카도오의 집행 임원 및 의류 사업부장으로 외부에서 활동하는 그는 해방구뿐만 아니라 리스타일, 그리고 BPQC라는 이세탄의 첨예 부분을 상징하는 매장을 위해 종사하고 있다.

그가 중심이 되어 기획·입안하고 무명 디자이너들을 발굴하여 전례가 없다고 주저하는 회사 측과의 끈기 있는 교섭을 계속하여 개설하기에 이르렀던 것이었다. 그의 탁월한 센스, 교섭력, 그리고 무엇보다 정열이 없으면 이 기획은 햇볕을 보지 못했을 것이며 패션의 이세탄도 주장뿐인 공허한 것이 되었을 것이다.

백화점에 지금까지 없는 새로운 바람을 불러온 해방구는 대히트였다. 게다가 이어서 리스타일, BPQC 등 잇따라 매장을 만들어 갔다.

▪ BPQC가 백화점 장래의 키를 잡는 이유

어떤 의미에서 이세탄뿐만 아니라 이후 백화점 본연의 자세를 시사하는 것이 본점의 지하 2층 BPQC다. 층 전체가 BPQC라는 단일 브랜드로, 통일된 매장으로써 출발했다.

캐주얼한 품목으로 통일된 매장은 의류품에서 잡화, 자질구레한 것까지 하나의 브랜드하에 종합적으로 취급했다. 의류는 부인 의류가 중심이지만 활동적인 캐주얼복이나 잡화가 진열되었다. 다른 코너는 헬스 케어나 영양 보조식품, 애완동물 용품, 네일케어 코너도 마련되었다.

BPQC라는 것은 프랑스어의 단어 머리글자를 모은 것으로, 그 의미는 '질이 높고' '적정 가격의' '센스 있는' 상품이라는 의미다.

이것만으로는 알기 어렵지만 BPQC의 특징은 상품마다 소구하는 것이 아니라 고객 측의 라이프스타일에 대응한 상품 구색 갖추기를 하는 데 있었다.

백화점은 원 스톱 쇼핑(one-stop shopping)이라고 하여 한 점포에서 모든 것을 살 수 있는 상품 구색 갖추기를 취지로 운영되어 왔다. 그 브랜드 판이 BPQC라 생각하면 알기 쉬울 것이다.

즉, 일정한 수입이 있어서 어느 정도 여유로운 생활을 하고 있는 사람이 결코 멋을 내는 것이 아니라 평소에 입거나 사용하는 물품을 제안하는 그런 매장이다. 때문에 의류품이나 잡화 등과도 같은 이미지로 통일되어 있다.

그런 계층은 건강에도 신경을 쓰고 있기 때문에 영양 보조식품이나 건강 상품, 게다가 과도하지 않고 자연스러운 형태로 건강을 배려하고 있다. 또 애완동물도 키우고 있기 때문에 애완동물 용품, 평소부터 손톱도 깨끗이 다듬고 있기 때문에 네일케어라는 식으로 그들의 라이프스타일을 가정하여 그 생활에 맞는 상품 을 갖추었다.

하나의 이미지로 통일하고 있기 때문에 층 전체가 필요했다. 다른 이미지의 매장과 섞이면 소구력이 약해져 버리기 때문에 다소 좁아서 불편하지만 지하 2층에 설정한 것이었다.

이것이 백화점의 방향성을 시사하는 점이라는 것은 코디네이터라는 개념에 의거한 매장이기 때문이다.

옷에 맞춘 식기, 식기에 맞춘 집기류, 액세서리에 맞춘 T셔츠나 블라우스라는 식으로 짜맞춤으로써 상품의 매력이 보다 높아져 갔다. 게다가 연령에 관계없이 라이프스타일이라는 묶음으로써 어디까지나 공통된 이미지의 상품을 받아들일 수 있을 것인가. 그 제안을 층 전체에서 하고 있었다.

물론 BPQC라도 모든 분야의 상품을 취급하고 있는 것은 아니고 실험적인 의미도 강하지만 옷을 사면 그에 맞춘 구두나 핸드백을 사고 싶어지는 것은 자연스런 구매 심리일 것이다.

다만 이것 역시 미묘한 점인데, 캐주얼 한 분야에서는 그것도 가능할지 모르겠다. 그러나 그것보다 가격대가 높은 브랜드가 되면 옷과 구두와 핸드백 등을 동시에 구입하는 고객은 적다. 역시 하나하나를 음미하여 보다 마음에 드는 것을 산다는 소비 행동이 될 것이다.

이세탄에서도 의류와 핸드백이나 구두, 자질구레한 것 등을 같은 매장에 진열하고 있는데 반드시 효율이 좋다고는 할 수 없다. 이런 점을 이후 여성 패션의 본점 개장으로 어떻게 짜 맞추어 갈 것인지…….

▌기대나 희망의 반대 결과가 나왔을 때 '매장 단일화'의 위험이란

중요한 것은 이들 매장이 전부 자주편집매장이라는 것이다.

이세탄이라는 백화점이 도매상이나 메이커에게 전부 맡기는 것이 아니라 자신이 주도적으로 움직여 상품을 조달하고 가격 설정이나 파는 방법 등 어떻게 고객에게 어필할 것인가를 필사적으로 생각하고 제시해 간다. 원래 이것이 소매의 기본 형태인데, 백화점은 취급하는 분야의 막대함 때문에 그 형태를 잊고 있다.

그 원점으로 되돌아가고 있는 것이 이세탄이었다.

그런데 이세탄으로서도 이상적인 형태는 되어 있지 않았다. 어디까지나 발전 단계였다. 패션 이세탄의 캐치프레이즈는 서서히 먹혀 들고 있었지만 현실로는 아직 시행착오의 선상에 있었다는 것이 적절했다.

이것 역시 현장을 보면 알 수 있었다. 6월 초순, 이세탄 본점 2층에서 4층 사이에 있는 여성 패션 매장이 몹시 아마추어 티가 났다.

어떤 의류를 보더라도 하얀 색과 검은 색으로 단조로웠다. 정장이 아닌데도 너무 치우쳐 있었다. 물론 디자인이나 실루엣 등 섬세한 점에서는 유행의 첨단을 달리고 있었지만 그 점에 대해서는 전문가에게 맡기기로 하고, 어느 브랜드 숍이나, 어느 일반인들을 위한 매장에도 하얀 색과 검은 색의 상품들로 통일되어 있는 것 같았다.

6월 초순이라고 하면 여름 옷 매출 경쟁에 들어선 시기이다. 때문에 좀 더 컬러풀한 옷이나 대담한 무늬의 옷이 진열되어야 하는데 그렇지 못했다. 왜 이렇게 통일되고 검소한 상품만으로 진열되어 버렸는가.

그것은 정보화의 진전과 이세탄의 선전성의 MD가 기대와 반대되는 결과를 가져왔다고 생각할 수밖에 없었다.

어떤 것인가 하면 하얀 색과 검은 색의 단조로운 의류품은 금년 여성 패션의 유행이다. 요즘은 인터넷 등을 통해 정보가 홍수처럼 넘치고 있다. 금년의 유행이라는 정보도 막대한 종류로, 전 세계를 돌고 있다. 그 모든 것을 망라할 수는 없기 때문에 가려내야만 한다. 선별하는 것이다.

그렇게 하면 하얀 색과 검은 색의 단조롭다는 '단일한' 정보가 좁혀져 골라낼 수 있다. 그 다음 단계로 골라낸 정보가 인터넷 등을 통해서 증폭되어 '대량으로' 떠도는 것이다. 표주박의 잘록한 부분처럼 좁혀진 단일한 정보가 막대한 양으로 부풀어 흐른다.

그것을 이세탄의 바이어나 브랜드 숍의 간부, 디자이너가 캐치한다. 같은 정보를 입수하여 패션 의류를 만드는 것이기 때문에 똑같은 상품이 되어 버리는 것은 당연하다. 그 결과가 이 아마추어 티가 나는 매장일 것이다.

이러한 인식이 잘못되지 않은 것은, 8월의 추동용 상품이 나돌 무렵에 본점을 돌아보았지만 역시 변함이 없었다는 것을 보더라도 알 수 있다. 다만 좋고 나쁜 차원의 문제가 아니었다.

정보화 시대는 정보의 다양화보다 획일화의 리스크가 항상 크다. 그 리스크에 걸리면 이와 같이 되는 것이다.

좀 더 이세탄의 바이어가 패션 센스가 부족하고, 유행의 첨단을 추구하지 않고, 일을 열심히 하지 않고, 어떤 의미에서는 완고했다면 가장 변화가 풍부한 상품 구색 갖추기가 되었을 것이다.

상품에는 잘 팔리는 상품과 거의 팔리지 않는 상품이 있다(잘 팔리고 있는 상품을 더 알리기 위한 광고 상품도 있지만). 일반적으로는 거의 팔리지 않는 상품의 재고를 억제하고 잘 팔리는 상품을 진열해야 한다. 어떻게 잘 팔리는 상품을 사들이고, 거의 팔리지 않는 상품을 배제할 것인가가 바이어의 역량이다.

그런데 패션 의류에 관해서는 반드시 그것이 옳은 것만은 아니다. 개체로써는 팔리지 않는 상품도 잘 팔리고 있는 상품과 코디네이션하면 팔릴 가능성도 있기 때문이다. 거의 팔리지 않는 상품을 배제하면 잘 팔리고 있는 상품도 팔리지 않게 되는 경우도 있다. 때문에 패션은 재미있고, 생물이라고 일컬어지는 것이다.

유행에 뒤졌다고 하든 매장 효율이 나쁘다고 비판하든, 거의 팔리지 않는 상품을 지키는 완고함이 바이어에게 필요한 때도 있다. 효율화를 너무 추구하면 매장은 잘 팔리는 상품만 남는다. 경영자는 기뻐하겠지만 전부 잘 팔리는 상품만의 매장이란 흥미 없지 않은가.

현실로 이세탄의 2006년도를 보면, 전년 같은 달에 비해 매출이 전체의 점포상으로는 플러스가 되어 있는데, 신주쿠 점포만으로는 마이너스 1.7%로 되어 있다.

똑같은 상품만 진열되어 있어서는 살 의욕도 잃게 되는 법이다. 이세탄의 하얀 색과 검은 색의 매장이 일시적 현상이기를 기원하고 싶다.

▮ BPQC 매장에 이세탄 MD의 경직화 조짐

지하 2층의 BPQC 매장도 똑같다고 볼 수 있다.

이 매장의 특징은 앞에서 기술한 바와 같은데, 2000년에 개장했다. 당초에는 실험 점포로 조용히 시작했다. 하지만 지금까지 실험적인 색채가 짙은 것은 무슨 이유일까?

매장의 절반은 분명히 BPQC 브랜드로 통일감이 있고 차분한 매장이었으나 나머지 절반은 애완동물 용품이나 영양 보조식품 등 컨셉트는 공통된 것이지만 이미지가 통일되어 있지 않았다. 이런 표현은 심하지만 일반 매장에서 팔리지 않는 것을 모아 놓은 것 같은 느낌마저 들었다. 지하 2층에 위치한 것 또한 그런 느낌을 북돋웠다.

본래 오래되었기 때문에 과감히 다음 단계로 전개해야 할 것이다. 층 전체를 BPQC로 할 정도의 기개가 없이 패션의 이세탄이라 부를 수 있겠는가.

혹은 지하 2층에서 과감히 위층으로 이전해야 한다. 가구 매장 등과 합치면 보다 극적인 효과가 나올 것으로 생각되는데…….

또는 BPQC의 매장에 소프트웨어의 제공이 바람직하다. 음악이나 서적, 회화 등 직접 파는 것은 아니더라도 이런 라이프스타일을 제안하려면 생활 전반의 풍부함을 어필해야 할 것이다.

이세탄의 DNA에는 보다 도전적인 기풍이 있을 것이다. 그런데 이들의 매장을 보고 있으면 그것이 정체되어 있는 것 같다.

그보다 카리스마 바이어의 이름을 떨친 후지마키 유키오의 망령에 사로잡혀 있는 것이다.

해방구든 리스타일이든 BPQC든 그의 개인적 능력이 있고, 비로소 성립된 매장이라는 것에는 의문의 여지가 없다. 그의 센스, 교섭 능력, 구성력, 구상력, 그리고 무엇보다 새로운 것을 만들고 싶다고 하는 정열이 만들어 낸 것이다. 그 공적은 훌륭하다.

그가 혼신을 다해서 가꾼 매장이기 때문에 용이하게 손을 댈 수 없다는 심리적인 저항이 있을지도 모른다. 그러나 현재의 담당자에게는 이미 이세탄을 떠나버린 그가 직접 손댄 것을 부수어 버릴 정도의 기개가 필요하다. 다만 그가 만든 것을 지켜 답습하고 있기만 해서는 어딘지 머리가 굳은 공무원과 같다.

떠난 것은 되돌아오지 않는다. 선진(先進)이 만든 것을 대담하게 부숨으로써 다음의 진보가 있다. 그것이 이세탄의 DNA일 것이다.

그 DNA를 되돌려놓았을 때야말로 지금 이상의 이세탄의 발전이 있을 것이다.

제4장

현장주의로 배양된 이세탄이즘

◆

우수한 인재가 잇따라 육성되는 이세탄의 DNA

'고충이나 의견은 신의 소리'를 모토로 한다

이세탄에는 끈기 있는 현장주의가 남아 있다. 이것 역시 이세탄의 DNA라 할 수 있을 것이다.

소매에 있어서 무엇이 가장 중요한가 하면 매장이라는 것은 어느 업태나 마찬가지다. 매장이 잘 정리되어 있지 않으면 경영자가 아무리 고매한 이상을 내걸어도 공론에 불과하다. 톱다운(top-down : 상의하달 방식)으로는 소매의 경영은 성립되지 않고 보톰업(bottom-up : 하의상달 방식)으로 판단을 내려야 한다.

더러 이것이 거꾸로 되어 있는 소매 회사가 있다. 거의 변함이 없는 매일의 뻔한 일이 가장 중요하며, 그것은 백화점이든 슈퍼든 개인 상점이든 같다. 매장을 보면 그 소매의 모든 것을 알 수 있다.

이세탄에서는 항상 매장 중시의 자세가 엿보인다.

세일즈 매니저는 항상 매장에 나가 매장의 상황을 자세히 체크한다. 그들은 고객이 얼마나 기분 좋게 쇼핑해 주는가, 판매원의 접객은 물론이고 매장의 구성, 상품의 진열 방법, 매장의 분위기, 매장의 더러운 곳, 흠집까지 구석구석 섬세하게 체크하고 수정을 거듭한다. 그다지 넓지 않은 매장을 하루 1만 보나 걷는 매니저도 있다고 한다.

그들의 중요한 일은 전부 빈틈없고 이상 없이 관리하는 것은 물론이지만 고객의 고충이나 의견을 받아들여서 판매에 활용한다는 것이다.

누구나 자신에게 비판적인 언동은 회피하고 싶은 것. 귀에 기분 좋은 말만 듣고 싶겠지만 그래서는 매장의 개선에 도움이 되지 않는다. 이렇게 하는 것이 좀 더 바람직하다는 의견이나 이런 점이 잘못됐다고 하는 고충이야말로 개선에 직접적으로 공헌하는 것이다.

물론 고충 처리의 전문 부서는 있지만 그곳에 가서 고충을 말하기보다 매장에서 고객이 말한 대수롭지 않은 푸념이나 비판을 받아들이는 것이 가장 도움이 된다.

이것은 매니저가 적극적으로 필요한 것을 직접 받아들이는 경우도 있으며, 그것을 가장 받아들이기 쉬운 판매원과 커뮤니케이션을 진지하게 함으로써 그녀들로부터 고충이나 푸념 또는 의견을 받아들여서 매장의 개선이나 서비스의 개선, 경우에 따라서는 상품의 개선과 결부시켜 나아간다.

이세탄 내에서는 '패션은 신선한 상품' 이라는 의식이 강하다.

특히 여성의 패션 의류는 4시즌으로 분류되는데, 시즌 내에는 1개월이고 2개월이고 같은 상품을 진열하고 있는 것이 상식이었다. 그런데 그렇게 해서는 고객이 좀처럼 찾아오지 않는다. 가끔 찾아오는 고객이 전에 왔을 때와 같은 상품으로 구색을 갖추고 있다면 곧 돌아가 버릴 것이다.

식품은 신선도가 떨어진 것은 뒤로 물리고 좋은 것을 전면에 내놓는다. 상품의 진열 방법에도 궁리를 거듭하여 팔리지 않으면 다른 장소에 진열하는 등 매일 시행착오의 반복이다.

그에 비하면 패션 의류는 진열하는 기간이 길다.

기획에서 점포 앞에 진열하고 실제로 팔릴 때까지 시간이 걸리는 것은 어쩔 수 없지만 그래도 각기 과정에서 창의 고안하여 고객에게 항상 새로운 것을 내놓는 노력이 필요하다.

그것이 가장 효과적으로 나타나는 것은 점포 앞일 것이다.

'팔린다, 안 팔린다, 팔릴 것 같다, 팔릴 것 같지 않다' 라는 것을 이치가 아닌 감각으로 파악하는 것은 현장의 판매원 이외에는 없다. 그것은 신선한 상품을 취급하는 매장의 점원과 같다. 패션 의류는 팔리지 않는다 하여 간단히 상품을 다시 만들 수는 없기 때문에 현장에서 노력하는 비중이 극히 크다.

그 현장의 감촉을 믿고 팔릴 만한 것은 매장의 전면에 내놓고 그렇지 않은 것은 빨리 단념한다. 그런 노력은 현장이 자발적으로 하지 않으면 위에서 아무리 강요해도 잘 안 되는 것이다.

게다가 식품은 신선도가 떨어지면 곧 팔리지 않게 되어 적자로 돌아간다. 때문에 필사적으로 신선도를 유지하면서 고객에게 팔아야 한다. 패션 의류에도 똑같은 긴장감과 위기감이 필요하다. 이세탄에는 항상 신선도가 있는 상품을 진열하려고 노력하고 있었다.

▮ 대면 판매에 구애받는 구조

이세탄의 사원 수는 약 4000명이다. 파트타임 사원이 3100명, 기타를 합해서 약 4000명이 매장에서 일을 한다. 대부분이 여성이다.

90년대 초의 어려운 시기 때에도 이런 사원을 줄이지 않았다. 접객 서비스 향상으로 회복하고자 노력했다. 이 많은 사람들과 함께 이세탄도 백화점의 대면 판매라는 기본에 입각한 방침이 결과적으로 회복의 지름길이 되었다.

파트타임 사원은 이른바 보통의 담당 사원이다. 필요한 시간과 필요한 장소에 필요한 요원을 투입하는 유연한 체제를 유지하기 위해서는 필요한 전략이다.

메이드(maid) 사원이라는 것은 역시 계약사원이다. 파트타이머가 매장뿐만 아니라 관리 부서에도 배치되는 반면에 메이드 사원은 판매만을 업무로 한다.

메이드 사원은 주로 의류품이나 화장품 판매를 담당한다. 이 분야는 대상이 여성이니만큼 판매 재능이 말을 해 준다. 깊은 전문 지식을 가지고, 접객 수준도 경험도 많은 베테랑이 많다. 이른바 판매의 프로인데, 이런 베테랑의 메이드 사원은 직장의 리더로서도 채용되며, 그 안에서 지금 이상의 정식사원으로 채용하는 구조도 도입하고 있다.

처음 도입된 2005년에만도 8명의 메이드 사원이 정식사원으로 채용되기도 했다.

이것이 보톰업의 구체화 중 하나의 성과라 할 수 있을 것이다.

또 백화점이라는 업태가 이른바 여성의 직장이기 때문에 타사에 앞서 육아나 아기 돌보기 제도도 충실하다.

2001년에는 육아 시프트 근무제도, 2002년에 복직자 세미나, 2003년에는 아기 돌보기를 위한 휴가제도, 육아 서비스 이용제도, 아기 돌보기 서비스 이용제도 등을 포함한 카페테리아 방식(cafeteria plan)을 도입했고, 2005년에는 계약사원을 대상으로 펼친 육아 휴가제도, 아기 돌보기 휴가제도를 도입했다.

정식사원, 계약사원의 구별 없이 일하기 좋은 직장을 어떻게 만들어 갈 것인가에 주력하고 있는 양상을 엿볼 수 있었다.

■ 이세탄의 판매 사원이 이세탄의 패션이기도 하다

이런 복리후생제도는 어느 기업에서도 도입하고 있다. 이세탄만의 특징만은 아니다.

이세탄의 최대 특징은 이세탄 패션이 많다는 것이다.

앞에서도 기술했지만 이세탄에서는 아이카드 등을 통해서 고정된 이세탄의 팬을 만들어 갈 것을 90년대부터 중요한 시책으로 추진해 왔다. 때문에 종업원 중에서도 이세탄의 팬이 많다.

특히 현장의 판매원은 감식력이 높아졌다. 백화점의 고급 브랜드를 많이 취급하고 매일 보고 있다. 좋은 것을 항상 보고 있는 것이다. 그런 그녀들로서 이세탄이라는 백화점은 패션에 관해서는 최첨단을 달리고 있는 것으로 내비치고 있는 것이다. 의복과 장신구 잡화 등에서도 이세탄만의 새로운 점포를 낸 유명 브랜드도 많아 자신들이 정말로 좋은 것을 팔고 있다는 자부심을 갖고 있다. 이것이 사원 사이에 이세탄 팬을 만들어 내는 요인이 되고 있다. 물론 이것을 컴플라이언스(compliance:법령 엄수)와도 결부되는데, 여기서는 부차적인 요소로 한다.

자신의 점포 사원이 침체하여 자신감을 상실하고 있다는 소매 경영자가 있다면 어디에서도 도입하지 않은, 센스가 있는 새로운 브랜드를 도입해 보면 좋을 것이다. 혹은 그런 일반인들의 자리를 만든다.

그것이 인기를 끌면 자신들의 점포가 이렇게 좋은 것을 취급하고 있다는 자부심과 사기가 올라갈 것임이 틀림없다.

이세탄의 경우, 전국에 알려진 해방구에서 다른 모든 백화점을 능가하는 브랜드를 손에 넣었다. 패션의 이세탄이 눈앞에 있다. 자신의 직장에 있는 것이다. 이것이 그녀들의 자부심을 자극하지 않을 리 없다.

물론 그녀들도 사원이기 때문에 자신의 대우나 직장 환경에 대해 불만이 많을 것이다. 없을 리 없다. 그러나 근저에는 자신이 이세탄이라는 회사에서 일하고 있다는 자부심이 흐르고 있는 한 이세탄의 현장은 활발하고, 활력이 넘치며, 계속 상승곡선을 탈 것이다.

▮ 현장에 긍지를 갖게 한다

그것은 거꾸로 말하면 경영자는 이세탄이라는 회사를 종업원이 자랑스럽게 생각할 수 있는 회사로 계속 밀고 나아가야 할 의무가 있다는 것이다. 현장주의라는 것은 현장에 맡긴다는 의미가 아니다.

이상적인 것은 현장과 경영과의 의사소통이 잘 이루어져 유연한 관계를 구축하는 것이다. 하지만 기업에 있어서도, 또 하나의 기업이 다다르는 역사에 있어서도 그런 상태는 극히 적다.

일반적으로 종업원과 회사는 대치하는 것이라 생각하고 있는데, 결코 그것은 옳은 것이 아니다. 두 회사가 서로 융합하고 협력하여 회사를 육성해 나아가는 것은 가능하다.

이세탄도 제2장에서 기술한 바와 같이 매 분기처럼 3년마다 중기 경영계획을 책정해 왔다.

기업 이념으로써 근본정신(도의를 지키고 봉사정신을 갖는 기업 경영)~기업 슬로건(매일 새로운 패션의 이세탄)~기업 비전(이세탄은 사람들과 더불어 느끼고, 함께 생각하고, 함께 기뻐하고, 매일의 생활을 창조한다) ~기업의 자세(우리들은 고객 제일에서 출발)를 책정하고 거기에 장기 경영계획 그리고 중기 경영계획이라는 목표를 설정했다.

대부분의 경우, 기업 이념이라는 것은 경영자의 자기만족적인 것이다. 그런데 이세탄의 경우는 이것을 아래 사람들에게 강요하는 것이 아니라 경영자가 이렇게 생각하고 있다는 것을 현장에 정확히 알리기 위해 반복적으로 말하고 있다는 점에 차이가 있다. 경영계획도 마찬가지로, 단기·장기에 이런 계획으로 이세탄을 만들어 간다는 경영진의 의사 표명인 것이다.

이에 현장에서 대응한 것이 '직장의 약속'으로, 경영 측에서 던진 볼을 현장 측이 받아서 '어떻게 하면 좋을까' 하고 골똘히 생각해서 찾아낸 답이다(상세하게는 제2장 참조).

기업으로서 극히 민주적인 관계에 있는 것이 지금의 이세탄인데, 중요한 것은 이것을 싫증 내지 않고 한결같이 추진해 나아가고 있는 것이다.

같은 것을 계속 반복하는 것은 새로 시작하는 것보다 더 강한 에너지를 필요로 한다. 인간 개인도 조직도 똑같다. 검소하고 변함 없고 어딘가 피로하고 해이해진다. 그 해이해짐을 없애고 경영도 현장도 항상 긴장감을 가진 관계를 유지해 가야 한다. 그래야 비로소 다음 단계로 오를 수 있는 것이다.

이후 수년 동안 이세탄의 귀추를 지켜보고 싶은 이유다.

▍ '도전하는 회사의 기풍'이 강한 이세탄의 DNA

이세탄의 DNA의 중요한 특징은 도전하는 회사 기풍이 강하다는 것이다.

신용을 제일로 하는 백화점, 게다가 브랜드가 강하면 강할수록 리스크를 무릅쓰고 도전하는 것은 피하려고 한다. 일부러 리스크를 감수하지 않으려고 '적당히' 하려 한다. 그런 생각에 어느 백화점이나 안전 제일의 무난한 방향만 선택한다. 그것이 백화점 쇠퇴의 요인이다.

이세탄에서도 사정은 그다지 다를 것이 없었다. 노포 백화점이라는 브랜드가 있는 이상 브랜드에 상처를 주는 것은 금물이었다. 때문에 도전이라 해도 스스로 한계는 있었지만 이세탄에서는 해방구나 리스타일에서 보듯이 참신하고 새로운 방향을 내세워 성공했다.

해방구는 당초 이벤트를 개최할 예정이었다. 무명 디자이너의 등용, 1층 매장 중앙의 일등 장소, 게다가 완전 매점과 종래의 이세탄으로서도 리스크가 너무 컸기 때문이었다.

그런데 후지마키(카리스마 바이어)로부터 이야기를 들은 상사는 진행하라는 사인을 보냈을 뿐만 아니라 '재미있기 때문에 1년에 두 번 정기적으로 하라'고 부추겼다. 성공할지 어떨지 모르는 이벤트에 대해 적극적으로 할 수 있었다는 것은 이세탄 안에 도전하는 기풍이 흐르고 있었다는 것을 보여 주는 것이다.

해방구의 출발에 있어서는 이세탄과의 거래가 있는 기성복 도매상이나 브랜드 메이커로부터 자신들을 업신여긴다 하여 반발이 심했다. '아주 무명 디자이너에게 매장을 개방할 거라면 자신들에게 매장을 좀 더 제공하라'는 것이었다. 이것을 돌파구로 '거래 조건의 개정을 요구해 오는 것은 아닐까'라고도 생각했다.

연 2회의 개최에서 이것이 히트하면 자신들의 체면도 서지 않게 된다는 불안. 리스타일에 있어서도 자신들의 브랜드를 어떻게 제공하고 어떻게 이용당할지 모른다는 불안도 있었다.

해방구는 단순히 해방구라는 조그만 매장뿐만 아니라 이세탄 본점의 매장 전체에 미치는 영향이 걱정된 것이다. 도전적 정신의 파급 효과는 여러 곳에 미쳤다.

해방구는 타이밍적으로도 좋았다. 90년대 전반은 버블이 붕괴되어 창업자가 퇴진하고 이세탄의 지주가 흔들리는 시기였다. 이세탄은 중기계획 '신생 3개년 계획'에서 필사적으로 다음 성장으로의 방향을 찾으려 하고 있었다. 그 시기에 참신하고 도전적인 기획이 올라왔기 때문에 이것을 돌파구로 하고 싶었다. 신생 이세탄을 어필하는 데 절호의 시기였다.

▪ '55% 공격론'의 절묘한 밸런스

일반적으로 '도전'이라면 무엇이든 인정하고 성공하는 듯한 느낌이 있지만 그것은 착각이다. 도전이란 말의 참신한 이미지에 헷갈리게 되어 마구 도전을 장려하는 풍조도 기업 안에는 있지만 도전하려면 확실한 계산을 해야 한다.

계산 없이 새로운 것에 손대는 것은 난폭하고 무모한 행동이다. 도전하는 분야의 시장조사, 경쟁 상대, 도전의 내용, 전망, 시기, 운영, 장래성 등 모든 것을 감안하여 도전할지 어떨지 결정해야 한다. 물론 그 결과는 실패로 그칠지 모르지만 그 정도 계산하면 도전하는 보람도 있을 것이다.

이세탄에는 전통적으로 '55% 공격론'이라는 것이 있다. 그것은 성공의 확률이 50%라고 판단되면 이것을 상사에게 상담한다. 이것을 상회하는 55%라고 판단되면 자신이 결단을 내려 용기를 가지고 실행하라는 것이다. 조금이라도 성공의 확률이 높으면 잇따라 도전하라는 의미다. 그 조건에서는 대단히 도전적이다.

하긴 여기에는 계속이 있고, 나머지 45%는 자신의 책임으로 메워 나가 반드시 성공으로 이끌어 가야 한다고 한다.

성공의 확률 등 계수적으로 계산할 수 있는 것은 아니기 때문에 개념적인 의미의 55%이지만 도전을 장려함과 동시에 무모하고 난폭한 행동을 경계하고 성공으로의 계산을 정확히 하도록 하라는 의미가 내포되어 있다.

해방구도 대담한 도전이었지만 결코 무모하지 않고 그 이면에는 길고 주도면밀한 준비 기간이 있었다.

디자이너의 선택과 설득으로 그들을 완전히 납득시켜 이세탄에 걸맞은 의류품을 만들게 한다는 계산이었다.

버블 붕괴 이후의 개인 소비의 다양화로 하라주쿠의 셀렉트숍에서 보듯이 파는 쪽의 강요가 아니라 마음에 든 물건을 사고 싶다는 소비자의 지향하는 변화를 파악하고, 게다가 참신하고 대담한 네이밍으로 화제를 부를 것이라는 계산이었다.

그리고 비록 실패로 끝난다 해도 이세탄으로서는 그들 신진 디자이너와의 유대는 마이너스는 되지 않는다는 계산이었다.

실제로 잇따라 신진 디자이너가 등장하여 해방구는 젊은 디자이너의 등용문이 되었다. 이런 계산하에 누구나 깜짝 놀라는 도전을 실현한 것이다.

▎사이즈 통일을 착수한 것도 이세탄이 처음

역사적으로도 이세탄 내부에 흐르는 도전 정신을 볼 수 있다.

첫째, 신주쿠로 본점을 이전한 것은 1933년이다. 창업한 곳은 칸다 하타고쵸의 이세야탄 포목점이었다.

전쟁 전의 이 시대, 칸다라고 하면 도쿄에서 손꼽히는 번화가이다. 노포가 즐비하게 서 있는 니혼바시의 미츠코시, 타카시마야, 시라키야 등에 가깝고 또 아사쿠사가 도쿄 최대의 번화가로 있었다. 신주쿠는 들뿐인 시골이었다. 지금의 모습은 어디에도 없었다.

그런 도쿄의 중심에서 그리 멀지 않은 칸다 하타고쵸의 신도시 개발지로 본점을 이전했다. 더구나 역전의 좋은 입지가 아닌, 역에서 약간 떨어진 장소에 본점을 이전하는 모험 정신에 놀라지 않을 수 없었다.

보통 어떤 어려움이 있어도 칸다 본점을 계속하고 싶다고 생각하는 법이다. 게다가 창업 초기에는 포목점이었던 이세탄은 당시부터 '독자성 있는' 좋은 것을 제공한다는 특징을 가지고 있었다. 화려한 오비(OB) 진열회의 개최나 아담한 마스코트 무늬를 고안하여 '오비와 무늬의 이세탄' 이라는 평판을 얻었다.

칸다 니혼바시 주변은 미츠코시를 비롯하여 포목점이 즐비하게 늘어서 있었고, 경쟁은 치열하고 독자성을 내세우지 않으면 살아남을 수 없었다. 메이지 시대부터 이세탄의 도전 정신은 왕성했던 것이었다.

전후 10년 정도의 베이비붐이 일단락 되었을 무렵 이세탄에서는 10대용품 개발을 착수했다. 당시는 13세부터 17세까지의 틴 에이지라는 말도 드물었고, 그녀들에게 맞는 의류품도 적은 시대였다.

그녀들은 큰 어린이용이나 작은 어른용 옷을 무리하게 입고 있었던 셈이다. 이세탄에서는 10대의 독특한 체형과 사이즈를 규격화 하여 그에 맞춘 패션 의류를 판 것이었다.

이 무렵 백화점의 쇼핑백이 드물었다. 이세탄은 타 회사에 앞서 체크 무늬의 쇼핑백을 도입했다. 지금도 그 무늬를 이세탄의 쇼핑백 무늬로 계승하고 있다. 당시는 스커트 무늬에도 사용되어 멋쟁이 여성들 사이에서 대단한 인기를 얻었다.

여성 의류의 사이즈에서도 지금은 표준화 된 9호, 11호, 13호라는 사이즈 통일을 처음 시행한 것도 이세탄이다.

1955년도에는 양품이 시민들 사이에 보급되면서, 그때까지 주문 제작이었던 것이 대량 생산의 기성복으로 전환하기 시작했다. 일본인 여성의 체형에 적합한 기성복 사이즈를 세이부, 타카시마야 등과 합동으로 통일한 것이 1965년의 일이다. 그 후 사이즈 체형의 변화에도 솔선수범하여 도전해 나아갔다.

키가 큰 사람의 옷은 실용성만 있을 뿐 멋 감각이 없다는 소리를 듣고서 대응한 것이었다.

쇼핑백의 무늬에서 보듯이 변하는 것은 변하고, 그러나 변하지 않는 것은 완고하게 변하지 않았다. 도전 정신을 전부 좋다는 것은 아니고 정확히 확인하는 것이 중요한 것이다.

▮ 다음의 한 수, 이세탄의 도전은 이제부터 정식으로 나설 차례

물론 앞에서 기술한 해방구를 비롯하여 리스타일, BPQC, 게다가 온리 아이(only I) 등, 이세탄의 도전 정신이 깃든 경우는 너무 많아서 일일이 나열할 수가 없다. 남성관도 그렇다. 어느 것이나 다른 백화점에서는 실현시킨 일이 없는 시도가 계획에 꼭 맞아서 이세탄의 이미지를 높이는 데 공헌해 왔다.

원래 기업으로서의 도전이라는 것은 도전이라고 이름이 붙으면 무엇이든 받아들인다는 것이 아니고 여러 가지 요소가 순풍이 되어 불어와서 비로소 성공하는 것이다.

기업에게도 사람에게도 바이오리듬이라는 것이 있어서, 그 파장은 달라도 상태가 좋고 나쁨이 반드시 있는 법이다.

공격적인 경영이 척척 맞는 경우도 있는가 하면 방어를 철저히 해야 할 때도 있다. 어느 시기에는 성공 확률이 아무리 높아도 도전 계획을 버리고 방어에 철저히 해야 할 때도 있을 것이고, 반대로 자포자기식으로 도전하여 개척해 나아가야 할 때도 있을 것이다. 방어의 도전이라는 표현도 있다.

그런데 역사적으로 보면 이세탄의 도전 정신은 좀처럼 현실화 되지 않았다.

방어의 의식이 강해서 본점만 방어하고 있으면 불안이나 위험은 없는 시대가 오래 지속되었다. 강한 본점에서 지점이나 그룹 회사에 손을 뻗쳐 나아가는데, 본점이 너무 강하기 때문에 지점 경영도 필사적인 면이 없고 어중간하게 되어 잘 안 된다. 충분하지는 않지만 적자 정도라면 좋다는 방어의 경향이 강하게 작용한다.

이세탄에 한하지 않고 노포라 일컫는 백화점은 어디나 모두 같은 구조에 시달렸다.

이세탄의 잠자는 이 도전 정신을 눈뜨게 한 것이 창업 일가로, 처음 회사에서 쫓겨난 코스게 쿠니야스였다(제5장 참조).

이세탄으로서 현재는 어떤 시기일까?

백화점이 항상 변화의 물결에 휩쓸려 한순간의 정체도 없이 변화에 대응해야 하는 업태인 이상, 항상 도전적 기개는 유지하고 있어야 한다. 현재는 이미 이세탄 안에서 '패션의 이세탄'이라는 브랜드가 정착해 있다. 업적도 호조고 무엇보다 최대의 포인트가 되는 2007년에는 본점의 여성 의류 매장이 개장을 기다리고 있다.

이런 상황 속에서 새로운 것에 도전할 것인지 아니면 무난하게 현상 유지를 해 나갈 것인지, 어느 쪽을 선택하든 틀린 것은 아니다. 이것은 비판의 대상이 아니라 이세탄이라는 회사의 현상을 경영자가 어떻게 파악하고, 현재 놓여져 있는 환경을 어떻게 판단할 것인가의 문제인 것이다.

본점이 개장하게 되면 실패할 수는 없고, 잠자코 있어도 매출은 올라간다. 섣불리 도전적인 매장을 만들어 고객으로부터 멀리하게 되는 위험을 무릅쓸 필요는 없다는 사고방식도 있을 것이다. 반대로 패션 이세탄의 총 마무리로써 여성용 의류 매장을 장래의 백화점 본연의 자세인 모델 케이스로 대담하게 변경해야 한다는 사고방식도 있을 것이다.

이세탄에서는 종래의 연령층이나 상품별 브랜드별로 구분된 매장에서 보다 유기적으로 뒤섞인 매장을 지향하려는 것 같은데,

과연 어디까지 도전할 수 있을까?

또 한편에서는 이세탄이 영업 현장에서 활기를 잃어가고 있다는 견해도 있다. 좋은 업적으로 버블 후에 재활하여 일단락 된 다음의 성장으로 힘을 기울이고 있는 단계라 한다. 분명히 일직선의 성장 노선을 걷기보다 잠시 쉬었다 가는 것도 성장 기간을 오래 지속시키는 방법이다.

그런 다음에 대내외적으로 깜짝 놀라게 할 도전적인 기획을 실현하는 것이 쇼크 요법이라는 의미도 있어서 가장 효과적이다.

다음의 한 수를 어디에 둘 것인지 이세탄의 움직임이 주목된다.

▌ 인재 중시의 회사 기풍이 조직을 견고하게 한다

도전적 기풍이나 현장주의 등 이세탄의 특성은 조직과 개인의 관계에도 관련되어 있다.

아무리 개인이 도전적인 기개나 재능을 가지고 있어도 조직이 경직화 하여 방어 태세에 들어가 있으면 그 개인의 능력을 활용할 수 없다. 반대로 조직이 도전적인 타개를 바라고 있어도 조직을 구성하는 개인에게 그 능력을 가진 자가 없으면 행동을 할 수가 없다.

조직의 기풍은 그것을 구성하는 개인의 회사 기풍과 겹쳐지게 된다. 요컨대 조직의 형태를 우선할 것인가, 개인의 인재를 육성해 나아갈 것인가의 문제다. 인재가 있음으로써 조직이 있고, 조직이 있음으로써 인재가 있다.

이세탄의 경우, 항상 인재를 중시하는 회사 기풍이 있고, 이것 역시 노포의 DNA의 현상이라 할 수 있다.

인재 중시는 지금까지 언급한 현장주의나 도전 정신의 발로로, 도리에 어긋나지 않는다. 이세탄에서는 버블 붕괴 이후 어려울 때에도 인원 삭감을 하지 않았고 직원 수를 확보해 왔다. 메인 뱅크인 미츠비시 은행(당시)이 마구 구조조정을 추구하지 않았던 것도 큰 요인이다. 그것이 지금에 와서 풍부한 인재를 배출하고 소매업계에 영향을 주게 된 것이다.

▌소매업계로 뻗쳐 나가는 이세탄 인맥

카리스마 바이어라 일컬어진 후지마키 유키오에 대해서는 이미 언급했다. 그가 손 댄 해방구의 히트는 이세탄을 되살렸다 해도 좋을 정도로 그의 능력, 구상력, 인맥, 행동력이 없었으면 불가능했다. 그런 그는 이미 이세탄을 나와 후쿠스케 사장을 거쳐 현 부회장, 이토 요카도오의 상품 본부장으로 취임하고 있다.

그를 대표하듯이 소매업계에서의 이세탄 출신은 많다. 세이브 백화점과 소고를 산하에 두고 있는 밀레니엄 리테일링(그룹명)에는 사노 카즈요시가 와다 토시아키의 뒤를 이어 사장으로 취임했다. 사노는 이세탄의 전무를 역임하고 마츠야로 전출한 후, 밀레니엄 그룹에 들어갔다.

밀레니엄 그룹은 말할 것도 없이 세븐 아이 그룹으로 이토 요 카도오 · 세븐 일레븐 등 온갖 업종을 망라하고 있고, 국내의 소 매업계 재편의 '태풍의 눈'으로 보고 있으며, 그 동향이 주목되 고 있는 기업이다. 그 조타수(리더)를 이세탄 출신자가 맡고 있다.

밀레니엄 그룹은 사노의 주위를 6명의 이세탄 출신자가 굳게 지키며 그룹의 성패를 좌우하고 있다.

같은 그룹의 로빈슨 백화점에는 이세탄 전 이사인 카와다 요 시오가 영업의 전권을 쥔 상무 위치에 있다. 요카도오 그룹의 요 직에 이세탄 인맥이 침투해 있다는 것을 알 수 있다.

노포 백화점의 마츠자카야 이세탄 출신의 젊은이가 요직에 취임하고 있다. 상품 구색 갖추기와 점포 만들기, 즉 백화점의 MD를 맡고 있는 영업 통괄 본부장인 카와나카 히데오다.

마츠자카야라고 하면 이세탄 이상의 노포 백화점으로 본점이 있는 나고야에서는 도요타와 견줄 정도의 영향력을 갖는 중진이 다. 그 중추에 이세탄 출신자가 일원이 되어 있기 때문에 그 실력 의 정도를 알 수 있는 것.

또 케이큐 백화점은 칸다 토시오에 이어서 이치카와 쇼지가 사장으로 취임하고 있다. 2대를 계속 이세탄 출신자가 경영자에 취임하고 있는 것이다. 게다가 케이큐에는 요소에 이세탄 출신자 가 간부로서 곁에서 받쳐 주고, 마치 이세탄의 별동대와 같은 역 할을 하고 있다.

케이큐 백화점은 카미오오카 역의 조그만 빌딩에 들어서 있다. 규모적으로도 도쿄의 다른 백화점만 못하다. 그러나 그것을 확장하지 않고 경합하지 않고 견실하고 독특한 상품 구색 갖추기와 서비스로 버블기 이전부터 우량 백화점으로 주목을 받고 있다. 그 경영자가 이세탄 출신이다.

이온(AEON) 그룹에도 이세탄 인맥이 들어가 있다. MD부문의 경영권을 쥐고 있는 노구치 테이이치로 외에 그룹의 스포츠오소리티(스포츠용품 전문점), 러라애슐레이재팬(회사 이름), 탈포트재팬(회사 이름) 등에서 이세탄 출신자가 일을 민첩하게 처리하고 있다. 러라애슐레이는 케이큐 백화점이나 이와다야 등에도 점포를 내고 있으며, 이세탄 인맥의 유대가 사업 면에도 활용되고 있다.

▮ 이세탄 OB는 왜 우수한가, 인재의 적성 배분이란

이런 이세탄 인맥이 소매업계로 퍼져 있는 것은 몇 가지 견해가 있다. 물론 이세탄 OB(기업이나 프로 스포츠팀, 정계 등에서 은퇴한 자)로서 능력이 우수하다는 것이 최대의 요인이다. 그들의 능력이 유망하다고 생각했기 때문에 경영의 중추에 앉게 하는 것이다. 이세탄의 지명도만으로 인재를 스카웃 하는 경영자가 있을 리 없다.

그들의 능력이라는 것은 개개인의 문제이지만 비즈니스맨으로 이른 시기에 이세탄에서 성장하여 이세탄이즘을 엄격하게 배운 것이 훗날의 대응력과 결부되어 있는 것이 아닐까.

요컨대 지금까지 기술한 고객 제일주의, 현장주의 등을 몸으로 익히게 하여 서서히 관리직으로서의 단계를 올라가는 과정 속에서 몸에 밴 고객 제일주의나 현장주의의 방향에서 모든 것을 발상하고 행동해 가는 능력을 얻게 된다.

지극히 당연한 것이지만 기본이 되어 있기 때문에 응용이 효과가 있다는 단순한 문제다. 그 당연한 것이 좀처럼 잘 안 되었던 것이 소매업계의 좋지 않은 특징이기도 하다. 그 결과로써 어떻게 인재가 결핍되어 있는가 하는 것을 나타내고 있다.

소매업계는 사람 손이 많이 필요하지만 시스템화가 진전되어 있어 개인의 탁월한 능력이 요구되는 자리가 적다. 인재 경시가 시스템에 받아들여져 개인은 시스템의 톱니바퀴 하나로 대체해 있으면 되는 것이며 판매, 재고관리, 반송 등의 업무마다 인원이 배치되어 요구되는 일만 처리하는 것이 최우선으로 되어 왔다.

판에 박힌 일이 많은 것도 이 경향을 조장하고 있다. 또 백화점은 오랜 역사로부터 독특한 관행이 있고, 슈퍼에서는 형식화나 시스템화가 진전되어 있어서 모두 개인 재량의 여지가 부족하다. 개인의 능력을 발휘할 자리가 적은 것이다. 능력이 있는 인재라도 판에 박힌 매일의 업무 속에서 능력을 탕진해 간다.

판에 박힌 업무가 많다는 것은 모험할 수 없고, 도전할 여지가 적기 때문에 기개가 있고 하고자 하는 의욕이 있는 젊은이는 일찍이 업계를 뛰쳐나온다.

대부분의 경영자는 능력 있는 인재를 구하고 있으며, 사내에서 배출해 오는 것을 기대하고 있지만 이런 판에 박힌 업태에서는 좀처럼 인재가 육성되지 않는다. 80년대 무렵부터 메이커에 대한 소매의 발언력이나 사회적 지위가 서서히 올라가서 우수한 인재가 들어오게 되었지만 그런데도 경영 측은 인재를 육성하는 노하우도 갖지 못한다.

또 판에 박은 업무가 많다는 것은 발상이 경직화되어 시야가 좁아진다는 것이다. 자신의 방법이 최고라 믿고 그런 방법밖에 모르기 때문에 유연한 발상이나 구상력을 갖지 못하게 된다. 자기 조직의 장점, 단점도 보지 못하게 된다. 때문에 어떻게든 다른 데서 인재를 불러들여야 한다.

이세탄 OB의 인기는 그 현상이라 할 수 있다.

▮ 인재는 인재에 의해 발굴되고 육성된다

인재 육성에 관해서 여러 개의 메뉴얼은 만들어져 있지만 그것에 의존해도 진정한 인재는 육성되지 않는다. 메뉴얼은 전혀 도움이 되지 않는다고 말할 수는 없지만 만능이 아닌 것은 명백하다. 상대가 인간인 이상 시스템과도 낯을 익히기는 어렵다.

능력 있는 인재를 찾을 줄 아는 인재를 육성한다. 요컨대 인재를 발견하는 능력을 갖는 상사를 육성하는 것이다. 그 상사 역시 이전의 상사에 의해 육성되었다. 이것의 반복이다.

그러므로 역사가 깊은 기업에서는 인재가 배출되는 것이며, 이세탄도 그렇고 미츠코시, 미츠이 등의 그룹도 그렇다. 신흥 IT 기업과 비교해 보면 알 수 있다.

일반 사원, 계장, 과장, 부장, 임원이라는 피라미드형의 조직 구조는 이런 인재 육성의 조직적 수법으로써 가장 적합하다. 인재는 인재에 의해 발견되고 육성된다. 게다가 순서를 밟지 않고 단번에 오르는 것이 아니라 단계를 오르듯이 한 걸음, 한 걸음 능력을 익혀서 조직의 위로 올라가는 것이다.

대부분은 그 인재 육성도 상사에 의해 연속적으로 이루어지는데 이세탄에서는 보다 능동적으로 인재 측에서 기업 연수를 요구하는 움직임에 대응하고 있다.

예를 들면 2001년부터 시작된 '도전 커리어제도'도 그중 하나이다. 수동적으로 회사 업무의 톱니바퀴가 되는 것이 아니라 적극적으로 커리어를 거듭 쌓아서 공헌하여 나아가자는, 의욕 있는 인재에 대해서 회사로서 지원해 나아가는 구조이다.

'사내 공모제도'와 '도전 신고제도'라는 게 있다. 전자는 회사 측의 요구에 의거하여 능력, 의욕이 있는 사원을 공모하는 제도다. 후자는 개인의 의욕이나 희망을 존중하여 긍정적으로 커리어 전환을 희망하는 자에게 기회를 제공, 개인 주체의 커리어 개발을 지원하는 제도다.

철저한 전문가가 될 것인가, 보다 넓은 시야를 갖는 광범위한 지식과 기술·경험을 갖는 사람이 될 것인가는 사원 각자가 택할 수 있는 것이다. 인재는 단순한 톱니바퀴가 아니다. 능력이 있고 하고자 하는 의욕이 있는 인재를 찾아내려고 하는 조직의 접근 방법이다.

이것도 이세탄의 인재 중시 사상의 현상이라 할 수 있다.

∷ 유출되는 인재를 이세탄은 어떻게 막을 수 있는가

이세탄의 OB가 인재의 보고라는 것은 이미 언급한 대로지만, 이세탄 측으로서 보면 인재의 유출이라는 것이 된다.

물론 아직 젊은 시기에 이세탄을 그만두고 다른 곳으로 전직 하는 사람도 있지만 대부분은 우수한 인재의 스카웃이나 기업끼 리의 교섭에 의해 희망하여 전직해 간다. 그들이 이세탄에 남아 서 수완을 발휘하면 이세탄의 업적은 보다 올라간다고 상식적으 로 생각할 수 있다.

첫째, 회사를 그만둔다는 것은 그 회사에 어떤 불만이 있는 것 이라고 누구나 생각할 것이다. 대우상의 불만, 인사에 대한 불만, 인간관계의 불만 등 독자 여러분도 자신과 비추어 보면 납득할 수 있을 것이다.

이세탄의 후지마키 유키오의 경우는 해방구에서 성공을 거듭 하여 슈퍼바이어라는 '스타'가 되었으니, 이미 이세탄에 있을 자 리는 없어졌다. 그의 활동에 적합한 자리가 없기 때문에 새로운 도전을 위한 자리를 찾아 나설 수밖에 없었을 것이다.

그뿐만 아니라 이세탄를 떠나려면 여러 가지 사정이 겹쳐져 있을 터이니 개별적으로는 겉치레로 끝나지 않을 것이다.

대부분의 경우, 조직과 개인은 다른 벡터(Vector)를 갖는다. 개인의 능력은 자신의 능력을 시험해 보고 싶다는 도전 방향과 충돌하기 때문에 조직이 움직이지 않는 이상 개인이 움직일 수밖에 없다. 그렇지 않으면 벡터를 조정하고 서로 양보하여 일치점을 찾아간다.

조직과 개인은 근본적으로 서로 타협이 안 된다는 것을 알고 있기 때문에 이세탄에서는 앞에서 기술한 도전 커리어 제도의 도입 등으로 개인의 능력에 맞추려 하고 있는 움직임도 있다.

또 인재 공급의 이세탄 측으로서도 지금까지 인원 구조조정을 적극적으로 하지 않았다는 점에서 인재가 남아도는 측면도 있다. 부서 인원에 한계가 있는 이상 인재에게 적합한 부서가 준비되지 않으면 그들은 자신들의 활동을 위한 자리를 밖에서 구해야 한다. 그것이 인재가 부족한 다른 소매업자의 수요와 더불어 인재 인큐베이터(부화기)의 양상을 보이게 된 것이다.

이세탄의 인재가 뛰쳐나오고 있는 최대의 요인은 아이러니하게도 이세탄 안에 흐르는 도전 정신이 그 이유라 생각된다.

좀 더 자신의 능력을 시험해 보고 싶다. 제약이 없는 신천지에서 여러 가지 도전해 나아가고 싶다는 억제할 수 없는 소망이 그들 속에서 부풀어올라, 이세탄에서 적합한 지위에 앉지 못하고 뛰쳐나오는 것이다. 또 이세탄 측도 요구해 오면 순순히 인재를 내주는 방침을 취하고 있는 것 같다.

아무튼 인재를 자사에 가두어 두려는 것이 아니라 상대 기업이 어떻게든 손에 넣고 싶다고 요구해 오면 그에 응해서 인재를 내주는 경우가 많다.

물론 함부로 어떤 상대든 인재를 내주는 것이 아니라 선별적, 전략적으로 사람을 내준다.

전략적이라는 것은 뒤에서 설명하겠지만, 백화점 등 소매업계의 재편 흐름이 강해지는 것이 당연하다. 각 회사 모두 전국의 백화점을 그룹화 하려는 움직임에 열을 올리고 있다. 타기업을 그룹화 할 때는 일반적으로는 자본 관계로 묶는데, 이세탄의 경우는 인재의 유대로 관계를 굳게 하려는 의도를 느낄 수 있다.

그들이 이세탄이즘을 계속 가지고 있는 한, 나가 있는 기업을 이세탄의 색깔로 물들이까지는 가지 않더라도 이세탄이 지향하는 큰 방향으로 동조하여, 스타일은 달라도 같은 방향을 지향해 줄 것을 기대할 수 있다.

그런 의미에서는 이세탄에 인재가 마구 남아도는 것은 아니고, 극히 전략적으로 인재의 방출을 추진하고 있다고 할 수 있을 것 같다.

이것도 같은 맥락이지만 인재를 외부로 내보내고 그 인재가 외부에서 활약하면 이번에는 이세탄에 남은 인재는 중압감을 갖는다. 남은 인재가 이세탄의 업적 향상에 실패할 수는 없기 때문이다.

우수한 것은 나가고 남은 것은 대단한 것이 아니라며, 남은 인재의 능력에 의문부호를 붙일 수도 있다. 사람을 계속 내보내어 텅 비어 버리면 본말전도(本末顚倒:중요한 일과 대수롭지 않은 것을 뒤바꿔 잘못 이해하거나 처리하는 일)다. 남은 인재의 분발을 일깨운다는 점에서 인재의 유동화는 효과를 발휘하고 있을 것이다.

제5장

이세탄 DNA의 승계,
코스게 쿠니야스와 코시바 카즈마사

◆

흔들리는 경영, 이세탄이 안고 있는
위기감의 원점이란 무엇인가

쿠데타라고 할 수 없는
창업자 추방

이세탄 창업 이래의 최대 위기는 1993년 창업 일가의 추방 때 닥쳐왔다. 1세기 이상 계속된 이세탄이 일가 경영과 결별했으니 섣불리 하다가는 공중분해가 될 가능성도 있었고, 이세탄 사내의 위기감은 절정에 달하고 있었다.

결과부터 보면, 그 위기감을 계기로 경영을 정확히 되돌려 버블 이후의 불황이나 타카시마야 진출에 수반하는 신주쿠 전쟁에 이겨서 다음 싸움에 출장할 자격을 얻은 셈이다.

개인도 조직도 마찬가지로 정말로 아슬아슬한 데까지 몰리지 않으면 진짜 능력은 나오지 않는 법이다. 아슬아슬한 위기에 몰렸을 때 비로소 그때까지 잠재해 있던 능력이 밖으로 나타나게 된다.

이세탄의 경우, 창업 일가로 인해 본심이 드러나지 않았던 잠재의식이 존망의 위기에 몰렸을 때 한 사람의 지도자 모습으로 나타난 것이다. 그것은 코시바 카즈마사라는 일가 이외의 초대 사장이 된 인물이며, 이세탄 DNA를 가장 색깔 짙게 체현하고 있었다.

그때까지 수면 깊숙이 드리워져 있던 이세탄의 DNA가 위기 상황에 빠져 그의 몸을 빌리듯이 수면 위로 떠올랐다고 표현할 수도 있다.

그 이전에 그 이상으로 색깔 짙게 이세탄의 DNA를 가지고 있었던 사람이 바로 창업 일가의 코스게 쿠니야스였다. 그가 공격적인 확대주의를 취하고 있었던 것도 그때까지 침체하여 바닥에 가라앉아 있던 이세탄의 회사 기풍에 위기감을 가지고 있었기 때문이다. 이대로 가다가는 이세탄은 상황의 악화, 무너져 가는 것을 빤히 바라보는 위기 상황에서 그는 사장으로서 민첩하고 재치 있게 일을 발휘하려고 했다.

결과적으로는 실패하여 창업 일가이면서도 그는 회사를 쫓겨나게 되었다. 그 뒤를 이은 코시바는 본업 원래대로 되돌아갈 것을 주장하여 타카시마야와의 신주쿠 전쟁에 승리하여 현재의 융성한 기초를 구축하게 되었다.

너무나 대조적인 두 사람이지만 원래 DNA는 같은 것이었다.

▌슈우와에 의한 이세탄 주식 매수 소동의 전말

이세탄으로서 최대 충격의 시초는 버블 당시 나는 새도 떨어

뜨린다는 부동산회사 슈우와의 이세탄 주식 매수였다.

슈우와는 부동산사업보다 오히려 주식 시장에서 주식을 사모으는 것으로 이름이 알려져 츄우시츠야나 마츠자카야, 나가시마야, 이나게야, 마루에츠 등 유통 주식을 중심으로 대량의 주식을 매수하고 있었다. 그 속에 이세탄 주식도 있었다. 1989년경부터 사 모으기 시작하여 1992년 여름까지 이세탄이 발행한 주식 수의 26%까지 매수하고도 계속 사들일 의향을 보이고 있었다.

총 투자액은 약 1000억 엔에 달했다고 한다. 슈우와도 이제 손을 떼려야 뗄 수 없는 상태였고 이세탄으로서도 꼼짝달싹 못한 채 슈우와의 주식 모으기를 팔짱끼고 보고 있을 수밖에 없었다.

그런데 이미 버블 경제는 붕괴되고 슈우와의 부동산사업도 크게 기울어 슈우와 측은 사 모은 주식의 처분을 서둘러야 했다.

마루에츠는 1991년, 츄우시츠야는 1992년에 다이에 그룹이 인수하고, 마츠자카야는 1993년 1월에 토오카이 은행 등이 인수했다.

그런데 이세탄 주식만은 1993년에 들어서도 슈우와는 사서 늘리려는 움직임을 멈추지 않고 매입 교섭은 난항을 거듭했다.

되사기에 응하기는커녕 슈우와는 대형 슈퍼를 운영하는 이토요카도오에게 접근하여 그때까지 사 모은 29%의 주식을 매각할 의향을 보이고 있었다. 요카도오 측도 신중한 태도를 흐트러뜨리지 않고 이세탄 주식을 사들이기에 적극적인 자세를 보였다.

창업 110년이 넘는 노포 백화점이 고작 수십 년의 역사밖에 되지 않는 신흥(백화점 측에서 보면) 슈퍼 업자에게 항복하는 꼴이 되었다. 매수 당한 주식이 30% 정도라고는 하지만 경영에 미치는 영향은 막대했고, 임원을 보내어 경영이 좌지우지 휘둘리는 위험성이 커졌다.

이토 요카도오는 고수익의 우량회사이며, 버블 이후의 불황도 문제삼지 않고 규모 확대에 매진하고 있었다. 그룹의 매출은 2조 엔을 넘었고, 또 산하에 로빈슨 백화점을 소유하여 소매업계에서는 입장을 확고히 하고 있었다. 논리적으로 생각하면 이세탄의 매수 상대로서는 이 이상의 후보는 없었다.

적극적인 기업 매수를 거듭하고 있던 다이에는 그렇다고는 하지만 역시 여기에 와서 팽창 경영을 무리하게 했던 그 여파가 돌아와 1993년 단계에서는 이세탄 매수의 여력은 없었다.

그런데 로빈슨 백화점을 소유하고 있다고는 하지만 백화점의 '격'이라는 것이 있었다. 격이라는 것은 이세탄이라는 회사 그 자체에 붙어 있는 것이 아니라 이세탄에서 고액의 쇼핑을 하는 많은 우량 고정 고객을 말한다. 이른바 유명 고객을 얼마나 안고 있는가가 소매의 격을 결정한다.

이세탄은 미츠코시, 타카시마야, 마츠자카야와 나란히 '초' 노포 우량 백화점이었다. 그런 의미에서는 아무리 규모가 크든, 고속 성장을 계속하고 있든 요카도오 운운하기보다 서민의 일용품을 중심으로 취급하는 슈퍼 업태와는 양립할 수 없는 것이 있었다.

무엇보다 슈퍼의 산하에 들어가게 되면 노포 백화점의 자부심은 갈기갈기 찢겨 너덜너덜해져 버린다.

아무튼 되사들여야 했다. 이세탄의 메인 뱅크인 미츠비시 은행(당시)도 슈우와에게 강경하게 압력을 가했다. 그러나 슈우와는 다른 보유 주식이나 부동산 자산을 처분해서라도 이세탄 주식 모으기를 그치지 않았다.

▋기업 경영자의 악화된 감정은 풀리지 않는다

슈우와가 왜 이세탄을 집요하게 노린 것일까?

그 이유는 이세탄이라는 회사 운운하는 수준이 아니다. 이세탄의 당시 사장인 코스게 쿠니야스와 슈우와의 코바야시 사장과의 감정적인 말다툼 때문이었다.

당시의 코스케 사장은 40대 중반의 혈기 왕성한 젊은 경영자였다. 수년 전에 38세의 젊은 나이로 이세탄의 사장에 취임하면서 잇따라 공격적인 시책을 내세워 온 기세 당당한 사장이었다. 물론 혈통에서도 창업 일가의 가치를 보증했다.

슈우와의 코바야시는 벼락부자의 부동산업자로, 주식을 매수하고 있었다. 코스케 사장은 상대를 주의 깊게 여기지 않았다.

슈우와가 주식을 사 모으고 있는 중에도 완전히 무시했다. 이것이 슈우와의 코바야시로서는 신경을 건드려 몹시 불쾌했다. 코스케는 매수할 수 있으면 사 보라는 태도로 보였다.

분명히 버블기에 기업의 주식을 매수하는 것은 성실한 경제 행위로는 볼 수 없었다. 지금이라면 무라카미 펀드나 라이브도어 등이 상식으로 되어 있지만 전매 목적으로 주식을 사려는 것은 무뢰한적인 행위로 간주했던 시대였다.

명문 자제가 이런 행위를 이유 없이 싫어하는 것은 어떤 의미에서는 당연한지도 모른다.

그런데 코스게 쿠니야스는 현실적으로 주식을 대량으로 사모으고 있는 기업의 경영자였다. 되살 수 있을지 없을지는 둘째 치고 상대와 양호한 관계를 구축하는 것은 기업 경영자으로서 필수 과제였다.

산 주식을 어떻게 할 것인가? 전매하든 처분하든 임원을 들여보내든 판 측에서도 요망(要望)을 관철하기 위해 개인적인 감정은 어떻든 산 상대에게 고의로 대응하는 것이 당연했다. 실제로 같은 입장이었던 마츠자카야는 정확히 경영자와 대응하여 우호적인 관계를 구축, 무사히 주식을 되사고 있었다.

그것을 코스게 쿠니야스로서는 할 수 없었다. 단순히 코바야시를 경시하여 만나려고도 하지 않을 뿐만 아니라 매스컴 등을 통해서 자신이 이유 없이 미워하고 있다는 것을 표명하거나 단순히 지배권을 빼앗는 것이 어떤 의미의 발언을 반복하여 코바야시의 신경을 계속 거슬리게 했다.

이에 슈우와의 코바야시도 분노했다. '애송이가 무슨 말을 하는가'라고 말하듯이 이세탄의 주식 매수에 매진했다.

게다가 그 와중에 코바야시가 중매를 맡은 결혼식에 코스게를 초대한 적이 있었다. 지인의 결혼식에서 함께 축하하고 교류를 가짐으로써 유착 관계를 타개하려고 코바야시가 부추겼지만 코스게는 출석을 거부했다. 그 이유는 '코바야시가 주식을 사고 있으니까' 라는 어린아이 같은 것이었다. 또 그것을 공언했다고 하니 코바야시의 신경도 더욱 거슬렸다.

이로 인해 '주식 되사기' 라는 가장 중요한 테마에 관해서 코스게 사장은 전적으로 당사자 능력을 잃어버리고 만 것이었다.

▋ 창업자 코스게, 책사 책략에 빠지는 어리석음

참으로 차원 낮은 이야기이긴 하다.

이세탄, 슈우와, 요카도오, 미츠미시은행 등 임기 응변에 능한 쟁쟁한 사람이 등장하면서 그 원동력이 상대의 경영자가 싫다고 하는 단순한 개인적인 악감정에 빠졌기 때문이다.

다만 일은 모두 개인의 감정이 일으키는 것이다. 시스템이나 조직이 자동적으로 일으키는 것이 아니라 그것을 움직이는 개인의 에너지가 일의 크기를 결정한다. 그리고 그 에너지는 개인의 원점에 있는 감정인 것이다.

이 점을 엘리트인 코스게 쿠니야스는 알지 못했다. 그래서 코바야시의 감정을 악화시켜 교섭의 기회를 스스로 단절시켰다. 그리하여 자신의 회사인 이세탄을 매수의 위기에 빠뜨렸다. 양가집 도련님이기 때문에 어쩔 도리 없다는 말로써는 문제가 해결되지 않았다.

되풀이 하지만 삼고(三考)의 예(禮)까지는 하지 않더라도 자신의 감정을 억제하고 상대에게 경의를 가지고 처우해야 했다. 그는 단순한 개인이 아니라 이세탄이라는 회사 사장이라는 입장에 있기 때문이었다. 배의 선장이 개인적인 감정으로 키를 움직이면 어떻게 되겠는가.

코스게의 잘못된 대응 때문에 슈우와에 의한 주식 매수는 악화되어 실마리를 찾지 못한 채였다. 그리고 결국 1993년 6월 10일에 그는 이세탄의 사장직을 퇴임했다. 자신의 목을 내미는 것 외에 타개 방법이 없었던 것이었다.

아마도 코스게의 목은 코바야시가 강경하게 요구하여 교섭 최초의 조건으로 하고 있었을 것이다.

다만 그가 이세탄 사장직을 퇴임한 것은 그것만이 이유가 아니었다. 결정적인 것은 그의 부덕함이 포함되어 있었다.

되사들이기에는 1000억 엔 이상의 자금이 들기 때문에 이세탄 단독으로는 불가능하며 메인 뱅크인 미츠비시은행과의 밀접한 관계가 필요했다. 그런데 코스게는 이것을 배신했다.

이미 1987년 당시에 복선은 있었고, 메인 뱅크인 미츠비시의 의향에 반하여 코스게는 상와은행과 접촉하여 주식의 균형이 잡히고 전환 사채의 할당 등 메인 뱅크를 무시하는 움직임을 보이고 있었다.

그리고 1993년. 이 사들이기 자금 조달을 목적으로 코스게는 비밀리에 상와은행과 교섭하여 은밀히 승낙을 받았다는 것이었다. 상와로서도 미츠비시에서 메인 뱅크의 자리를 빼앗으면 큰 성과라 생각하고 자금을 정기적으로 분할하여 지불하는 데 응하려고 했다.

이것이 미츠비시 측에 새어 들어갔다.

미츠비시은행이 분노하지 않겠는가? 메인 뱅크로서는 오랫동안 이세탄을 뒤받쳐 자금의 지원을 계속해 왔고, 더구나 당사자 능력을 상실한 코스게를 대신하여 슈우와와의 교섭 전면에 나서려고 한 찰라에 다른 은행에도 교섭하고 있었으니 말이다.

돌고 돌아서 미츠비시은행과 상와은행은 현재 같은 은행이 되었고, 미츠비시 도쿄 UFJ 은행이 되어 있었기 때문에 운명의 얄궂음을 느끼게 했다. 그런데 당시의 미츠비시은행의 눈에는 경영자로서 양다리를 걸치고 있었다는 이유로 중대한 배신 행위로 비쳐졌다.

지금이야 기업으로써 메인 뱅크의 힘은 약해져 있지만 당시에는 메인 뱅크에게 주목받으면 경영할 수 없다고 할 정도로 은행은 기업에 대해 강한 발언권을 가지고 있었다.

코스게의 목을 쳐라, 그는 명문 이세탄의 경영자로서는 부적격하다고 메인 뱅크가 판단하였으니 이미 코스게에게는 거역할 여지가 없었다.

창업자인 코스게가 사장직을 퇴임하고 난 후의 이세탄은 움직임을 빨리하여 사장직을 이어받은 코시바 카즈마사가 리더십을 발휘, 부랴부랴 슈우와와의 관계를 완만하게 했다. 그 해 가을에 매입하기로 합의하여 12월에는 미츠비시 그룹은 슈우와로부터 모든 주식을 매입했다.

자금 회전에 쫓기고 있던 슈우와 측의 사정이 있었다고는 하지만 당사자 능력을 상실한 창업자를 대신하여 코시바의 수완을 내외에 과시한 꼴이 되었다. 이것이 창업자 이후의 이세탄의 코시바 체제 구축에 큰 힘이 되었다.

▮ 코스게 쿠니야스의 명문 의식과 자부심

창업자를 퇴진시킨 순간이 아마도 이세탄으로서는 창업 이래 최대의 위기였다.

1세기 이상 계속된 창업 지배를 전복시켰으니 코시바는 주군에게 활을 쏜 반역자라는 입장에 놓였고, 최악의 경우 곤경에 빠지는 세력 다툼이 예상되고 있었다.

'썩어도 준치'라고 했듯이 썩어도 창업자인 것이다. 게다가 이세탄으로서 창업자는 각별한 위엄을 가졌다.

아무튼 이세탄은 창업자 이외의 사람이 사장이 된 일이 없었다. 게다가 창업 이래 110년 동안 사장직을 엮임한 사람은 4명에 불과했다. 모두 창업 일가의 직계였다. 이세탄은 창업자인 코스게 탄지로부터 대대로 사장은 코스게 탄지임을 말하도록 했고, 4

대째의 쿠니야스도 모두 코스게 탄지라고 개명하여 장기 정권을 잡으려 했다.

코스게 쿠니야스는 1968년에 케이오대학을 졸업한 후, 미국에서 유학했다. 귀국 후인 1972년에 미츠비시 은행에 입사했다. 양가집 도련님이 제왕학의 일환으로써 은행에 취직하여 실무를 배우는 일은 가끔 눈에 띌 정도였다. 이세탄의 메인 뱅크인 미츠비시은행이 그를 받아들인 것도 생각해 보면 당연했다.

그 후, 1979년에 이세탄으로 옮겼다. 입사하여 곧 중역 이사로 취임했으며, 경영기획실, 신주쿠 본부장, 상무 등을 역임하며 관록을 쌓아 순조롭게 제왕학을 익혀 갔다.

톱니바퀴가 어긋난 것은 1984년에 선대의 부친 코스게 탄지가 급사한 것. 관례에 따라 쿠니야스가 4대째 사장으로 취임하게 되었는데, 그는 입사한 지 5년밖에 되지 못했다. 상무에서 갑작스런 사장 취임, 게다가 38세라는 젊은 나이였다. 이 젊음이 결과적으로는 결정적인 치명상이 되었다.

창업자의 명문 자제가 갑자기 톱으로 추대된 것이다. 만약 그가 평범한 인물이었다면 파탄 없이 지금도 사장 자리에 계속 앉아 있었을 것이다. 잠자코 가마에 올라앉아 있으면 아무것도 하지 않아도 가마 메는 사람들이 운반해 준다. 창업자에게 충실하고 유능한 지배인들이 오랫동안 머물며 모든 문제를 처리하여 창업자에게 상처가 없도록 경영해 준다.

판에 박힌 일이 많은 백화점 업계라는 것은 변화를 좋아하지 않는 경향이 많고, 경영자는 아무것도 하지 않는 것이 조직으로써 가장 안정감을 준다.

일반적으로 명문 기업의 2대째, 3대째라는 것은 아무것도 하지 않는 것이 좋은 것이다. '잘 조치하게'로 조직은 아무 문제없이 움직인다. 때문에 뭐라 종잡을 수 없는 인물이 호감을 산다.

아무것도 하지 않는다는 것은 간단한 것 같으면서 실은 어렵다. 듬직하고 대담한 인물이 되어야 하기 때문이며, 멍청하다고 손가락질 당할 정도가 일가의 사장으로서는 적당한 것이다.

가마가 저절로 움직이기 시작하면 가마를 메는 사람은 혼란에 빠진다. 2대째, 3대째가 이것저것 지령을 내리기 시작하면 명령 계통이 혼란해지고 종래의 질서가 흔들리게 된다. 고참인 지배인과 능력주의의 젊은 사원 사이에 알력이 생긴다. 나아가서는 창업자와 지배인과의 세력 다툼으로 이어진다.

이런 경우는 너무 많아서 일일이 셀 수 없을 정도다. 동업(같은 업종)의 마츠자카야도 80년대에 창업자와 지배인과의 세력 다툼이 일어나 창업자의 자제가 쫓겨나고 지배인이 실질적으로 마츠자카야를 빼앗은 형태가 되었다.

이세탄도 바로 가마가 지나치게 움직이는 상태가 되었다. 게다가 그 가마가 혈기 왕성하고 어설픈 재기(才氣)를 지닌 사람으로 하여금 달리고 있었으니 감당할 수가 없었다.

실제로 이 코스게 시대에 필자는 몇 번인가 이세탄을 취재한 적이 있다. 그런데 취재 상대에 따라 말이 전혀 다르다 보니 난처

했던 기억이 있다. 내부적으로 명령 계통이 혼란해지고 여기저기서 멋대로 판단하고 현장을 통솔할 수 없게 되었을 것이다.

쿠니야스는 38세라는 혈기 왕성한 젊은이다. 능력과 하고자 하는 의욕에 넘치는 창업자다. 이세탄은 자신의 회사라는 의식은 강하고, 자부심도 명문 의식도 강했다.

본래 앞으로 10년 정도 임원으로서 차분히 제왕학을 익히고 인간적으로 심신을 단련한 다음, 사장 자리에 앉는 것이 이상적이었을 것이다.

젊은 나이에 사장직을 이어받은 그에게 '양가집 도련님' '풋내기' '반 사람 몫' '선대와는 비교도 안 된다' 는 등의 가차없는 비판이 쏟아지게 마련이다.

당연한 비판이지만 명문 의식과 자부심이 강하고 자존심과 자신의 능력에 자부심이 강한 그로서는 참을 수 없는 일이었다.

더구나 그가 취임한 시기는 버블 경제의 직전으로, 제2차 오일 쇼크 이후의 긴 불황 시기였다. 잠자코 있어도 매출이 신장되는 시대가 아니었다는 것도 그의 재기를 조장했다.

▮ 재기 넘치는 이상은 높고, 현실은 낮고

자신이 이세탄을 변화시킨다. 그 생각으로 달리기 시작한 것이 '백화점 확장' 전략이다.

본업인 소매에서 외판, 관련 기업, 신규 사업개발, 국제화, 카드 전략으로 사업을 확대해 가는 정책을 적극 추진하여 거액의 투자를 거듭해 갔다.

신규 사업이라 해도 본업인 주변 사업에서 서서히 진행해 가는 형태라면 그래도 건전했을 텐데, 본업과는 전혀 별개의 부동산사업이나 금융사업, 게다가 재테크에 매진해 갔다. 시대는 이미 버블을 행해 서서히 움직이고 있었다.

버블기의 상황은 버블이 영원히 계속될 것 같은 착각을 일반인도 할 정도였다. 하지만 이세탄은 그 와중에도 그것이 무모한 투자인지 어떤지 판단할 새도 없이 잇따라 투자를 거듭해 갔다.

1989년 3월, 2/4분기 이세탄의 이자부채는 228억 엔이었다. 그랬던 것이 1993년 3월 2/4분기에는 1141억 엔에까지 부풀어 올랐다. 계열사까지 합하면 500억 엔 정도였던 것이 2500억 엔까지 달했다. 얼마나 팽창한 투자를 계속하고 있었는가를 여실히 과시하는 꼴이었다.

게다가 이 투자는 점포의 개장 등에 사용하지 않고 부동산 투자나 재테크 투자에 전용되었다.

미국의 버니즈에 자본 참가한 이세탄 오브 아메리카는 버니즈와의 제휴 사업 등은 거들떠보지도 않고, 미국의 부동산을 찾아다니기에 혈안이 되어 점포 용지로 빌딩을 통째 사들이는 등 무모한 투자에 빠져들었다. 그리하여 차입금 받은 지도 얼마 안 되어 500억 엔으로 부풀어 올랐다.

또 해외사업을 전개해야 할 네덜란드의 이세탄 인터내셔널은

통화 선물이라는 헛된 거래에 빠져들어, 최종적으로 이세탄 본체에 100억 엔의 특별 손실을 발생시켰다. 본업은 물론이고 당초에 목적으로 한 사업에서 크게 벗어나 물 쓰듯 자금을 쏟아 부었다.

버블의 열에 들뜬 측면은 있었으나 그것을 리드해 갈 코스게 사장의 문제는 너무나 컸다. 무엇보다 코스게에 대한 체크 기능이 작용하지 않았다. 그는 독재자가 되어 있었던 것이었다. 이미 궤도 수정은 듣지 않았다.

▮ 도련님 경영자의 한계

젊음의 특권은 무서운 줄 모르는 데 있지만, 최고 경영자가 무서운 것을 모르면 리더십을 그르치게 된다.

이세탄이 바로 그 전형이었는데, 이것을 더욱 조장한 것이 그의 개인적인 자질에 있었다. 젊었을 때부터 응석부리던 도련님 사장이었으니 주위에 이해해 주는 사람이 적었다.

주위는 모두 자신보다 경험도 경력도 많은 연배뿐이었다. 사장에 대해 겉으로는 복종하는 체하지만 속으로는 반대하는 것이 환히 들여다보였다.

그런 틈바구니에서 자신의 권한을 유지해 나아가기 위해서는 항상 자신과 타사와의 관계를 확인해야 했다. 어느 쪽이 위인지, 어느 쪽이 명령하는 입장인지를 항상 인식시켰다. 그 때문에 그는 폭군이 되었다.

폭군이 되었다기보다 원래 그런 자질은 있었지만 그것을 숨길 수 없게 된 것이었다.

오만하고 고압적인 깔보는 듯한 말투로 사원의 말을 듣지 않고 무시했다. 현장을 보지 않았기 때문에 아래에서 의견이 올라가지 않았다. 유아독존이었다. 게다가 고참 사원을 멀리하고 예스맨만을 자기 주위로 끌어 모았다.

사내에서만이라면 몰라도 외부의 슈우와의 코바야시 사장에 대해서도 같은 태도를 취했으니 이미 자기 자신을 잃어버리고 있었다고밖에 말할 도리가 없게 되었다.

사내가 황폐화 되는 것은 당연지사였다.

이미 버블은 붕괴되고 심각한 불황 바람이 불기 시작했다. 그 불황 속에 있으면서 궤도 수정은 하지 않고 재테크에, 부동산 투자에 매진했다. 본업에 대한 투자를 소홀히 하고 있었으니 사원들의 의욕은 땅바닥에 떨어지고 고객도 이세탄을 멀리했다.

그 전형이 이세탄의 마츠도 점포였다.

코스게 시대의 마츠도 점포는 토키와센을 끼고 있었다. 선로에서 보면 9층 빌딩의 측면이 보였다. 정면 현관은 선로 쪽에서는 보이지 않았다. 시설 보수에 투자를 하지 않았기 때문에 이 빌딩의 측면은 비바람에 드러나 더러워지고 금이 간 무참한 형상을 하고 있었다. 정면 현관 주변만은 청소가 잘되어 깔끔해 보였지만 측면은 너덜너덜했다.

문제는 아침 저녁으로 토키와센을 이용하여 출퇴근하는 손님이 이세탄의 무참해진 벽을 매일 보고 있다는 것이었다.

이것을 깨닫지 못할 정도로 이세탄의 간부들은 상식적인 감각에서 동떨어져 있었다. 아마도 본부의 간부도 마츠도 점포 시찰을 갔을 것이다.

그런데 그들은 깨끗한 현관으로만 드나들어서 측면은 전혀 보지 못했다. 만약 보통 사람과 마찬가지로 지하철을 타고 점포로 향했다면 그 더러움에 경악을 금치 못했을 것이다. 혹은 현장의 의견을 받아들였다면 즉석에서 대응했을 것이다.

실제로 코스게가 사장을 퇴임하고 코시바 체제로 된 그 순간, 이세탄 마츠도 점포가 개장에 나섰고, 현재는 선로 옆까지 점포를 넓혀 전차를 타고서도 이세탄의 멋을 낸 외관을 볼 수 있도록 했다.

또 재테크라는 것을 잘 활용하면 무섭게 돈벌이가 된다. 꾸준히 물건을 팔아서 이익을 올리는 것보다 훨씬 이익 폭이 크다. 그 때문에 그런 부서의 담당자들은 기세 등등한 자세로 걷게 된다.

충실하게 본업에서 일하고 있는 사원을 무시하게 된다. 반대로 본업에서 일하고 있는 사원은 재테크 사원을 멸시하여, 사내는 너무 딱딱하고 험악한 분위기에 빠져든다.

정평 있는 MD력도 쇠퇴하고 신선한 패션 의류를 매입하지 못해 매장도 어딘지 모르게 거친 분위기로 되어 버린다.

원래 현장의 의견 따윈 듣지 않는 코스게 사장은 사내의 분위기를 개선하려고도 하지 않았고, 또 하지도 못하고 있었다.

이런 거친 현장에서 업적이 상향될 리 없었다.

코스게 시대의 최종 연도인 1993년 3월 2/4분기의 매출은 마이너스였다. 영업이익은 반감되고 경상이익은 3분의 1로 떨어지고 말았다.

이런 사내의 불만이 코스게 사장에게 향하는 것은 당연했으며, 앞의 슈우와, 미츠비시은행의 압력과 겹쳐 사원의(특히 노조의) 반발이 코스게 퇴진의 큰 요소가 되었다.

▮ 이세탄 DNA를 가장 강하게 갖는 코스게 쿠니야스

다만 이 책에서는 코스게 쿠니야스 사장의 모든 실적을 부정하는 것은 아니다.

이 장 서두에서도 설명했지만 이세탄의 장래에 대해서 가장 강한 위기감을 가지고 있었던 것은 바로 코스게였기 때문이다. 그의 위기감이 폭주하여 자신은 회사를 쫓겨났지만 그의 뒤를 이어받은 코시바에게 계승되는 형태로 되어, 현재의 이세탄 융성을 가져왔다.

그것은 어떤 점에서 교활한 인간의 의도를 초월한 하늘의 지시라고도 할 수 있고, 결과적으로 현재의 이세탄이 있는 것은 코스게의 실적이기도 했다.

원래 그는 이미 끝난 인물로서 아무도 평가하고 있지 않았고, 코시바 카즈마사만이 높은 평가를 받았다. 그런데 끊임없이 이세탄의 DNA를 가장 색깔 짙게 갖는다는 점에서 두 사람은 공통점을 갖고 있었다.

뭐니 뭐니 해도 그는 창업자의 직계 자제였다. 이세탄은 자신들 일가의 것이라는 생각이 강했다. 일부러 이세탄을 위기에 빠뜨리려고 확대 정책을 채택한 것은 아니었다. 이세탄의 영광을 꿈꾸는 마음은 남보다 갑절 컸고, 점차 상태가 악화되는 당시 이세탄의 현상을 보고 어떻게든 해야 한다는 필사적인 생각이 있었을 것이다.

그런 의미에서 동족 지배에는 그 나름대로의 메리트가 있고, 일괄적으로 부정할 수는 없다. 동족을 비판하는 사람은 많지만 회사를 지켜 나아가려고 하는 에너지는 샐러리맨 사장과 비할 바 없다.

극단적으로 말하면 자신의 회사이기 때문에 자신이 어떻게 하든 상관없다는 의식이다. 샐러리맨 사장이기 때문에 선배로부터 이어받은 것을 지켜 후배에게 인계하는 방어의 생각으로 간단히 모험을 할 수는 없다. 하물며 회사의 존망을 거는 것 같은 대모험은 절대로 할 수 없다.

창업 일가라면 다른 사람에게 신경 쓸 것 없이 가능하다(물론 놓여진 입장이나 환경, 실력, 능력, 권한이나 발언권 등이 창업 일가라면 모두 가능하다는 것은 아니다). 기업의 근본부터 바꿔 나아가는 일대 개혁을 강행한다면 위기감에 몰린 창업자의 손에 의하는 것이 가장 순조로울 수 있을 것이다. 그것이 그로서는 자기 실현이기 때문이며, 회사라는 조직도 그 때문에 수단에 불과하기 때문이다.

일본의 노포 기업이나 대기업의 패기가 상실된 것은 그런 창업 사장의 활력을 배제하고 샐러리맨 사장으로 되어 버렸기 때문이며, 반대로 융성한 IT기업에 그 경향이 강한 것은 그들이 바로 창업자이기 때문이다. 라이브 도어의 호리에 다카후미도 방향은 그르치고 있지만 그만큼 고속 성장을 거듭해 온 것도 회사를 자신의 것으로써 자유자재로 움직일 수 있었기 때문이다.

코스게 쿠니야스의 경우도 이세탄이라는 '자신'의 회사를 어떻게 해서든 변화시키고 싶었다.

오랜 역사와 노포로써의 강한 브랜드를 가졌고, 패션 분야에서 정평이 나 있는 이세탄이었기 때문에 오랜 침체로 조직이 경직화 되어 가는 것을 그냥 보고만 있을 수 없었을 것이다. 특히 아무것도 하지 않아도 본점의 수익력으로 경영은 무난했기 때문에 오히려 모험하는 것이 쓸데없는 리스크를 껴안는 것으로써, 이것을 거부하는 성향이 강해져 갔다.

이세탄의 DNA에 있는 도전 정신은 서서히 파묻혀 모습조차 보이지 않게 되었다.

젊고 혈기 왕성한 코스게에게는 이런 보수적인 경향을 보고만 있을 수 없었다. 하지만 침체하여 패기가 없고 활기도 없는 회사가 점차 악화되어 가는 것을 막을 방책은 없었다. 이대로라면 공룡처럼 멸망해 버릴 것이다. 이런 위기감을 갖는 그의 앞에 젊은 사장 자리는 비어 있었다.

이세탄을 변화시키는 것은 자신밖에 없었다. 게다가 지금밖에 ……

▋ 코스게가 지향한 방향성은 옳았으나 방법이 잘못되다

그런 생각이 결과적으로는 코스게의 폭주를 낳은 것이지만 그가 지향한 방향성은 옳았다고 생각한다. 단지 방법이 잘못되었을 뿐이다.

그가 내세운 백화점 확대 전략은 본업을 중심에 두고 신규 사업에 적극적으로 도전하고 국제화에 맞춰 나아가는 것으로, 그 방향 자체는 어느 기업에서나 하고 있는 것이었다.

그는 본업을 기초로 그에 관련된 사업을 직접 펼쳐 나갔다. 또는 급속도로 신장하지 않는 국내 소비 수요에 비해 높은 성장을 하고 있는 해외 국가로 진출한다는 것은 소매뿐만 아니라 메이커라도 널리 침투할 수 있는 전략이다. 이세탄이 직접 해나간다면 아무런 문제가 없을 것이다.

백화점 사업은 본점만은 강했지만 다른 지점은 모두 그렇지 못했다. 이런 상태는 계속되었다. 본점에 대한 의존도는 높아지기만 했다. 게다가 백화점 업태는 오직 쇠퇴가 있을 뿐이며, 본점도 언제 위험해질지 모른다는 위기감을 가지고 있었기 때문에 다각화를 추진하지 않으면 안 되었다.

그것은 현재 이세탄이 금융 사업에 도전을 강화하고 있는 것을 보더라도 분명했다. 더구나 해외 점포의 확대도 급히 진행시켜 나아갔다. 코스게 시대의 백화점 확대라는 형태와는 다르지만 같은 전략을 취한 것을 보면 그의 전략이 옳았다는 증거다.

다만 그가 방법적으로 그르친 것은 그것이 너무 급속하고 졸렬하게 행해졌다는 점이다.

물론 버블 경제에 농락당했다는 측면은 있지만 전술한 바와 같이 부동산이나 외국환 투자라는, 본업과 관계없는 분야에 눈을 돌렸다는 것은, 이세탄 재활의 방법론적으로는 분명 잘못이다.

부동산이나 금융이라는 것은 벌 때는 무섭게 번다. 일단 이 맛을 알게 되면 본업의 판매로 꾸준히 이익을 올리는 것이 어리석다는 생각을 갖게 된다. 이세탄에서는 부동산 사업으로 돈을 벌지 못했을 뿐만 아니라 본업의 황폐화를 초래했다는 두 가지 측면에서 실패로 보고 있다.

마찬가지로 다각화에 손 댈 때도 필요했던 고객 시점이 완전히 결핍되어 있었다. 톱다운은 번거로운 수고도 없다. 경영자로서는 기분 좋은 명령 계통이지만 그만큼 항상 자신의 판단을 이성적으로 객관적으로 보는 훈련을 쌓아야 한다. 경영자는 항상 다각적인 시점을 가져야 한다는 것은 상식이다.

소매에 있어서는 고객이라는 최상의 존재가 있고, 다각적 시점을 갖는 훈련 기회로 부족함이 없다.

자신은 옳은 판단을 내렸는가, 내리려 하고 있는가 등 냉정히 재검토하여 검증하고 수정하는 또 한 사람의 몫이 필요하다. 그

훈련이 그에게는 되어 있지 않았다. 경험적인 것도 있고 성격적인 것도 있었을 것이다.

또 이세탄으로서 불행했던 것은 창업자가 절대적인 존재였다는 점이다.

아무튼 창업 1세기 남짓해서 세 사람의 창업자 사장밖에 없었다. 그 존재감은 너무 크고 절대적인 권한을 가지고 있었다. 그 후계자이기 때문에 쿠니야스가 하는 말은 틀림없다고, 거의 불안하게 생각하면서도 거역할 수 없는 상태가 되어 다각화에 매진하고 있었다.

방법의 잘못은, 당시부터 비판이 높았던 주거래 은행인 미츠비시를 배신하고 상와은행에 접근한 점도 있다.

방향 자체는 잘못되지 않았다. 오랫동안의 주거래은행이라 할지라도 이세탄의 경영에 너무 참견한다, 너무 지배하려고 한다는 불만이 코스게에게 있었다. 그 권한을 완화시키기 위해 같은 규모의 상와은행과의 거래를 돈독히 하고, 두 은행을 서로 경쟁하게 하고 견제시킴으로써 회사가 재량권을 가지려 했다.

그런데 그 방법이 졸렬하기 짝이 없었다. 사전 교섭이니 흥정이니 관계없이 갑자기 상와은행을 끌어들였으니 미츠비시은행으로써도 노여워할 만했다.

▮ 창업자가 강제로 쫓겨나는 비상사태

코스게 쿠니야스가 지향하는 방향성이 옳았다 해도 그는 1993년에 사장 자리에서 쫓겨났다는 사실만 남았다.

이세탄의 역사상 처음 있는 비상사태다. 아무튼 100년 이상 계속된 가업적 지배에서 근대적 회사 경영으로의 대전환인 것이다. 천황폐하 만세에서 민주주의로의 전환을 요구해 온 일본 국민과 같은 혼란이었을 것이다. 이세탄 존망의 위기라 해도 과언은 아니었다.

다음 사장으로 취임한 코시바 카즈마사로서도 같은 생각이었을 것이다. 슈우와의 주식 매점이 중요한 과제가 되었는데, 그 이상으로 창업 지배 이후의 경영 수법으로의 확립을 서둘러야 했다.

아무튼 그때까지 메고 있던 가마가 어느 날 갑자기 없어진 것이었다. 멜 것이 없어진 가마 메는 사람만으로는 어찌할 도리가 없었다.

창업자인 코스게 탄지는 거물이었던 것 같다. 태연히 가마에 타고 앉아 사소한 것은 부하에게 맡기고 참견하지 않았다. 이른바 창업 일족다운 경영자로, 부하도 안심하고 창업자를 위해 주어진 일을 처리하고 있으면 되었다. 동족 경영이라는 것은 이러한 측면이 가장 큰 장점이다.

앞에서 기술한 경영자에 대해 말하면 자신의 회사라는 인식이다. 부하로서는 회사를 위해, 사장을 위한다는 구체적인 기준이 눈앞에 있다.

기업 이념이니 경영 이념이라기보다 사장을 기쁘게 해 주고 싶다, 사장에게 잘했다는 칭찬을 듣고 싶다는 쪽이 훨씬 알기 쉽다. 하고자 하는 의욕도 생긴다.

아무리 멋대로 시끄럽게 떠드는 논의가 되어도, 회의가 험악해져도 최종적으로는 사장의 판단에 위임하면 된다. 사원은 최후의 책임을 지지 않아도 되니까 어떤 의미에서는 마음 편하다.

극히 일본적인 지배 구조이다. 그것이 일본인의 정신 구조에 꼭 부합되기 때문에 일괄적으로 부정할 것은 아니다.

이세탄은 100년의 오랜 세월에 걸쳐 이 구조를 굳게 지켜왔다.

하룻밤 사이에 이 모든 것을 결정해야 했다. 회사의 방향도 최종 결단도 무엇 때문에 회사가 있는지, 그 근간에서 다시 물어야 했던 것이다.

다행스런 것은 쿠니야스가 완전히 이름을 지운 것이 아니라 명예회장으로 남은 데 있었다. 물론 쿠니야스가 대결 자세를 굳혀 완전 은퇴가 되면 보다 위기적인 상황은 심각해지겠지만 새 경영진으로서는 상징으로써 그를 남겨 원만하게 (그러나 조급히) 새로운 의식 개혁을 추진해 나아가면 되는 것이었다.

▮ 최후의 진퇴는 훌륭하다

또 직접적으로는 심각한 이미지 하락에 휩쓸릴 우려가 있었

다. 아무튼 외부에서 보면 창업자를 지배인들이 쫓아낸 쿠데타
다. 아무리 슈우와의 매수라는 비상사태였다고는 하지만 노포의
거래처나 고정 고객으로서는 어수선하다는 소문만으로도 이미지
의 악화와 결부될 것이고, 그런 새 경영진에 대한 눈이 있는 한
그들도 수완을 발휘할 수는 없다.

게다가 창업자가 없어지고 철저한 대개혁을 단행해야 할 때
강한 리더십을 발휘하지 않으면 성공은 불확실하다. 새 경영진에
대한 신용이 주어지지 않는 것이다. 한 번 배신 한 자는 다음에도
배신하기 마련이다.

여기서도 두 가지 의미에서 새 경영진에게 좋은 결과를 가져
왔다. 우선 쿠니야스가 아직 젊고 창업 일가라는 출신에 의존하
고 있었기 때문에 사내에 지지 원조자가 없었다는 것이다.

그의 주위에는 동년배 되는 젊은이가 포진하고 있었기 때문
에 스스로 자신의 경쟁자라고 할 수 있는 것들을 만들지 않았다.
만들 필요가 없었다.

때문에 그가 사장 자리에서 물러났을 때 자신을 따르는 자들
을 일소(一掃)하는 것이 비교적 용이해졌다. 남은 자는 그다지 큰
힘을 가지고 있지 않았지만 쿠니야스의 평판 또한 너무 나빴다.
만약 쿠니야스에게 인덕이 있고 대항 세력이 있고, 경쟁자가 만
들어져 있었다면 쿠니야스도 자신의 주의를 굳건히 하기 위해 지
지 원조자를 만들어야 했을 것이다. 그렇게 되면 바로 세력 다툼
으로 술렁거렸을 것이다.

또 하나의 이유는 역시 코스게 쿠니야스가 무모한 저항을 하지 않았다는 데 있다. 매점의 혼란과 백화점 확대 전략의 실패 책임을 지고 깨끗이 물러나 저항하지 않았다. 물론 그로서 퇴진 요구는 청천벽력이었을 것이다. 창업자로서 일생 동안 사장 자리에 앉아 있을 생각이었는데 지배인의 퇴진 요구가 있었으니 말이다.

물러났다고는 하지만 본심은 계속할 생각이어서 부활을 기다리고 있었다고 생각했으나 이세탄을 위해 사내에 풍파를 일으키지 않았다. 꼴사납게 매달리는 경영자가 많은 가운데에서 훌륭한 처신법이었다.

그는 최후까지 창업 일가였던 것이다.

▮ 이세탄 DNA를 불러일으켜라

창업자의 뒤를 이은 코시바 카즈마사 사장과 그를 따르는 경영진은 어려운 리더를 강요당했다.

코스게 시대에 코시바는 오래 근무한 영업본부장에서 총무 담당으로 부서를 옮기게 되었다. 영업의 제일선에서 후방 지원으로의 부서 이동이기 때문에 경험상으로는 '영전'의 코스로 접어들었다.

그런데 타이밍적으로 슈우와의 주식 매수에 있었던 시기여서 코시바는 바로 창구 담당이 되었다.

매수의 문제가 악화된 와중에서 슈우와의 코바야시와의 교섭 전면에 서서 의사 소통을 깊게 하고 창업자 퇴진 후의 매수 문제를 해결로 유도했다. 그 공적은 극히 컸지만 그것만으로 새로운 사장으로 취임한 것은 아니다.

그는 바로 현장에서 고생을 거듭하며 기량을 닦고 올라왔다. 상품 본부나 MD, 영업본부장 등을 오래 엮임했고, 이세탄의 현장을 이끌어 왔다.

아무튼 현장을 좋아해서 책상에 앉아 있는 시간보다 매장을 둘러보는 시간이 훨씬 길었다고 한다. 상품을 꿰뚫어 보는 눈도 탁월했고 스웨터 등도 색깔이나 무늬를 볼뿐만 아니라 손으로 만져보고 냄새도 맡아보는 등 빈틈 없이 체크하는 이런 바이어는 그렇게 많지 않았다.

해외 브랜드 메이커의 교섭에도 수완을 발휘하여 독점 계약을 체결했고, 이세탄의 점포에 도입한 실적도 많았다. 현재로서는 유명한 브랜드로서의 지위를 확립한 칼빈 클라인을 일본에 처음 도입한 것도 코시바였다. 이로 인해 업계 내에서의 지명도가 단번에 올라갔다.

전 사장 시대의 다각화 중시로 인해 황폐된 현장을 다시 일으켜 세우기에는 가장 적당한 인재라고 현장의 종업원도 환영했고, 메인 뱅크도 그라면 걱정할 것 없다고 후원했다. 본업을 경시하고 부동산이나 금융사업에 빠져들었던 선대로부터 배턴 터치한 이세탄의 중요 데이터는 다각화 부문의 정리와 동시에 어떻게 본업 회귀를 강화하고 본업의 수익력을 높이는가에 있었다.

이세탄 DNA에 현장주의가 있는 것은 앞에서도 언급한 바와 같다. 그 DNA를 가장 색깔 짙게 가지고 있는 인물이 코시바라 할 수 있다.

실제로 그가 코시게 쿠니야스의 뒤를 이어 사장이 된 것과 동시에 영업본부장의 보직에 취임한 것도 바로 그 자신이 그것을 상세히 알고 있었기 때문이다.

1993년부터 사장으로 근무하여 2001년에 다케후지 신이치에게 배턴 터치할 때까지 그는 항상 본업으로 되돌아갈 것을 주장했고, 백화점의 원점으로 돌아갈 것을 끊임없이 사내에 심어 주었다.

고객 제일주의, 현장주의, 인재 존중, 도전 정신 등 현재 이세탄의 DNA를 그가 떠오르게 한 것이라 해도 좋았다. 코시게 쿠니야스 시대에 이들 DNA는 수면 밑에 깊이 가라앉아 있었다. 그것을 현실화 시킬 체제가 없었기 때문이며, 잠재워 두는 것이 처세술이었다.

그런데 코시바 시대가 되어 사원 사이에 위기감이 충만하고, 현장에도 자신의 DNA를 발휘시킬 조건이 갖추어졌다. 그것이 지난 10년 남짓한 호조 상황에 나타나 있다.

바로 그가 그 초석을 구축했다 해도 과언은 아니었다.

그가 없었으면 이세탄은 공중 분해 되어 있었을 것이다. 슈퍼 산하에 들어가지 않는다 해도 영업의 현장은 황폐의 도를 더하여 2류 백화점으로써 지금도 고전을 면치 못하고 있었을지도 모른다.

▪ 기업 이념을 계통적으로 만들어 고무시키다

그런데 코시바 등을 비롯한 새 경영진이 가장 어려워했던 것은 사내의 구심력을 어디서 구할 것인가 하는 문제였다.

지금까지는 창업 일가의 사장이라는, 눈에 보이는 구심력의 핵이 있었다. '코스게 일가를 위해서'라는 알기 쉬운 목표가 있고, 가마에 타는 사람과 메는 사람이라는 명확한 구도가 있었다. 그 구도는 일가의 사장이 어떤 성격이든 무너지는 것이 아니다.

그런데 그 가마가 없어져 버렸다. 어디서 사원의 구심력을 구할 것인가. 아무리 인덕이 있는 코시바 사장이라 할지라도 어디까지나 그는 지배인 격이다.

그 자신이 섣불리 구심력의 핵이 되려고 하면 그것은 반드시 지배인에 의한 창업자 추방, 빼앗기, 조직 속에서의 세력 다툼이라는 비판을 초래한다.

그런 어리석음을 피하기 위해 코시바를 비롯한 새 경영진이 한 것은 기업 이념의 재확인이었다.

1994년에 책정된 이세탄의 기업 이념을 알기 쉽게 체계화 해 나아간 것이다. 근본 정신, 기업 슬로건, 기업 비전, 기업의 자세라는 4개의 기둥으로 정리하여(제3장 참조) 이세탄 사내뿐만 아니라 그룹에서 공유화 해 나아갔다.

이세탄이 기업으로써 어떻게 해야 바람직한 것인가, 그렇게 하기 위해서는 어떻게 해야 할 것인가, 사원은 무엇 때문에 일하는가, 그런 기본을 사원 한 사람 한 사람에게 침투시켜 나아갔다. 이것이 창업자의 지배를 대신하는 구심력이 되었다.

기업 이념뿐이었다면 단순한 주장에 불과하다. 이것을 어떻게 실천시켜 나아갈 것인가에 대해서까지 경영진이 명확히 내세운 점이 탁월했다.

이것이 3년마다 책정되는 중기계획에 의한 목표였다(제2장 참조). 기업 이념이라는 것은 일반 사원으로서는 막연히 알기 어렵다. 그것을 중기계획의 수치 목표나 구체적인 목표에 반영함으로써 보다 알기 쉽게 이해시켰다.

그 결과로써 현장 사이드에서 올라온 것이 '직장의 약속' 운동이었다. 현장의 직장이 어떻게 하면 기업 이념을 구체화 하고 실천할 수 있는가를 생각하고, 각 팀에서 현장에 입각한 구체적인 목표를 정해서 실천했다.

위에서 아래까지 계통적으로 이념을 침투시켜 가는 구조를 만든 것이었다. 이것이 암암리에 구심력의 핵이 되어 있었던 창업 지배를 대신하는, 새로운 이세탄의 구심력의 요점이 되어 있었다.

아마도 이 시기의 이세탄은 창업자 지배에서 근대적 운영으로의 전환이 극적으로 성공한 예로써, 경영사에 남는 것이 아니겠는가.

⋮ 희박해진 위기감을 어떻게 흔들어 깨울 것인가

그 코시바 경영을 뒤받침해 준 것은 강한 위기감이었다. 이대로는 이세탄이 점차 악화되어 나쁜 상태가 된다. 어떻게든 하지 않으면 안 된다는 위기감에 부추겨져 계속 달렸다.

모든 것을 개혁하는 에너지의 원천으로써 위기 의식은 가장 강한 것이라 할 수 있다. 그 결과 타카시마야와의 신주쿠 전쟁에서 싸워 이기고, 오랜 소비 불황을 극복하여, 이세탄 브랜드를 정착시켜 왔다.

그리고 다음의 타케후지 신이치에게 인계했다.

타케후지 사장도 상품 부문, MD부문, 영업본부장 등을 역임해 왔다. 이른바 코시바 전 사장과 같은 분야를 걸어 왔기 때문에 코시바 노선을 인계 받는 자로서는 적임자였다.

그가 이세탄의 성장을 더욱 밀고 끌어올린 것인데, 성장의 원동력이었던 위기감이라는 점에서는 희미해진 것처럼 여겨진다.

생각해 보면, 이미 10년을 넘어 이세탄은 성장을 거듭했다. 패션의 이세탄으로 업계 굴지의 높은 이익률을 올려 '승리팀'으로써 정착했다. 성공 체험이 배어 있는 시기가 오래 지속되고 있기 때문에 이것으로 위기감을 감싸 주자는 것도 무리는 아니다.

경영자가 개혁을 위해서 가장 고생하는 것은 사원의 성공 체험의 불식이라 한다.

제4장에서도 설명했지만 이세탄은 현재 다음 성장을 위한 휴

식기에 있다고 할 수 있다. 다음 단계로 달려 올라가기 위해서는 등을 미는 힘이 필요하다. 지금까지는 위기감이라는 에너지가 원동력이 되어 왔는데 여기서부터 다시 위기감을 강조해도 사내에서는 실감을 하지 않을 것이다.

그 때문에 위기 의식을 대신하는 어떤 원동력을 제시하는 것이 타케후지 사장의 최대 과제가 된다. 대의 명분이라 할까, 기업의 이른바 중심 부분을 만들어 내는 것이 경영자의 역할이다. 이 중심 부분이 흐물흐물한 상태로 개혁이나 전진을 해나아가려 해도 어중간하게 된다.

현실적으로는 이세탄의 장래를 얼마나 명확하고 철저하게 제시하여 그것을 목표로 나아갈 에너지를 만들어 낼 것인가? 그것이 이른바 기업의 중심 부분이다.

이세탄은 지금 해외 등지에서 맹렬한 확대 전략과 금융사업에 대한 도전 등 본업 이외의 부분으로 촉수를 뻗고 있다. 거기에 어디까지 사내를 납득시킬 만한 중심 부분을 제시할 수 있을까? 앞으로 1~2년이면 그 귀추가 분명해 질 것이다.

제6장

이세탄의 확대 전략이 시작되다

◆

후쿠오카, 이와타야, 삿포로, 마루이이마이,
특히 중국 또는 동남아시아로

확대주의 역시 이세탄의 DNA

확대주의 역시 이세탄의 DNA로 들 수 있다.

압도적인 수익력을 자랑하는 본점을 중심으로 마츠도, 우라와, 후추우, 타치카와, 키치죠지, 사가미하라 등 칸토오 주변을 위성처럼 지점들이 둘러싸고, 별개 회사 조직으로 시즈오카, 니이가타, 코쿠라, 교토 등의 지방 점포들이 늘어서 있다.

그리고 지역적으로 떨어져 있는 큐슈는 후쿠오카의 이와타야를 자회사화 하고, 마찬가지로 북의 대소비지, 삿포로에서는 마루이이마이를 지원하는 형태로 진출했다.

백화점으로서의 점포망은 버블기의 소고나 세이부에는 미칠 수도 없지만 그 2개 회사가 버블 붕괴와 동시에 경영이 기운 것을 생각하면 이와타야, 마루이이마이라는 현지에서는 초강력 브랜드를 지원하는 형태를 띠고 있다. 리스크를 경감하고 있는 것 등이 이세탄의 확대주의라 해도 극히 온건한 형태를 취하고 있다는 것을 알 수 있다 .

　실제로 경영 모체로써 신규로 백화점을 출점시키는 경우는 거의 없고, JR교토 이세탄은 물론이고 JR니시 니혼과의 제휴에 의한 것, 코쿠라 이세탄은 별개 회사에 의한 것 등 출점의 변화도 풍부했다.

　이후로도 기본적으로는 지방의 백화점이나 지방 자본과 제휴하여 영업 지역을 커버해 갈 계획이다. 또 유니트숍의 조합에 의한 대규모 쇼핑센터 등에 대한 출점, 혹은 식품 전문의 퀸즈 이세탄을 축으로 한 소형 점포의 전개 등 여러 가지 확대 전략을 취하는 것을 생각할 수 있다.

　더구나 해외에서도 중국이나 동남아시아 등 성장이 현저한 나라에 대해 적극적인 출점을 추진하고 있다. 연간 1~2점포 정도, 2015년에는 20개 점포 정도까지 늘릴 의향을 보이고 있으며, 해외 부유층용 점포 전개도 급속도로 진행되고 있다.

⁝ *오버스토어 상태라도 확대 전략은 소매업의 본능

*오버스토어 : 소매점 등의 상업 시설이 한 상권에 대해 수요보다 공급이 과잉될 정도로 출점하고 있는 상태.

　하긴 확대주의는 이세탄에 한정된 것이 아니고 소매 사업자라면 공통되는, 이른바 본능이라 할 수 있다. 예외는 없다.

최초의 한 점포가 궤도에 오르면 똑같은 점포를 다른 상권에 낸다. 그것이 궤도에 오르면 3개 점포, 4개 점포로 전개해 간다. 그렇게 하여 조그만 슈퍼가 서서히 커져 간다. 체제가 정해져 있는 슈퍼나 홈 센터 등은 처음부터 대량 출점이 기업으로서의 중요한 경영 전략으로 위치를 차지하고 있다.

같은 규모, 같은 경영 방법의 점포를 대량으로 출점함으로써 매출 증가를 꾀하고 기업의 성장을 확보하는 것이다. 편의점처럼 지역에 집중적으로 전제되는 업태도 있다.

백화점의 경우는 단기간에 많은 점포를 낼 수는 없다. 한 개 점포가 규모가 큰 만큼 대상이 되는 안건이 한정되기 때문이며, 대도시권에 넓은 부지가 없으면 용이하게 출점할 수 없다. 교외형 점포나 소규모 점포와는 최초의 조건이 다르다.

또 백화점의 경우 취급하는 상품 수가 많다는 것, 지역의 부유층이 대상이 된다는 것에서부터 간단히 체제를 정할 수 없다. 본점이 성공했다고 해서 같은 상품, 같은 운영을 출점처에서 해도 똑같이 성공한다고는 할 수 없기 때문이다. 백화점 점포는 항상 개점마다의 운영이 요구된다.

그래도 대도시에는 부지에 대한 자산가치가 높고 매매가 활발하여 출점 부지가 나오는 경우도 많다. 백화점의 경쟁도 심하여 철수한 백화점의 뒤를 잇는 경우도 있다. 백화점의 출점 조건이 엄격한 만큼 일단 출점하게 되면 지역 경제에 주는 영향은 극히 크다. 그러므로 백화점의 출점은 항상 주목을 받는다.

백화점 측으로서도 출점을 거듭함으로써 많은 품종의 대량 판매의 가능성이 높아진다. 이것은 매장의 넓기가 아니라 같은 규모의 매장 수가 전제되기 때문에 성장을 전망하기에는 어느 정도의 기본적인 출점은 불가결한 전략이 되는 것이다.

그러나 현재 일본의 소비 시장은 분명히 오버스토어 상태에 있다. 시장의 크기에 비해 소매 사업자가 많고, 각기 업태에 있어서도 경합하는 상대가 많다. 게다가 업태의 울타리는 낮게 되어 있고, 다른 업태와의 경쟁도 치열함을 더하고 있다.

백화점의 경쟁 상대라고 하면 전에는 동업자밖에 없었는데 지금은 개별 전문점, 브랜드 점이나 전문 장르의 체인점, 그것들을 모은 대규모 쇼핑센터, 혹은 전문점 빌딩, 대량판매점, 생활백화점의 색채가 강한 슈퍼, 또 아마도 최대의 라이벌이 되어 있을 통신판매 등이 독자적인 전략을 갖춘 라이벌로써 가로막고 있다.

백화점을 둘러싸는 환경은 격변하고, 격화되고, 심각화 되고 있는 것이다. 약 10년 전부터 지방의 백화점이 덜컥 망하고 있는 것도 그런 치열함을 견디지 못하고 있기 때문이며, 백화점의 확대 지향은 자신이 망하지 않기 위한 방어적인 측면도 있다.

▮ 자회사, 이와타야에 의한 하카타 대리전쟁

일본에서 백화점의 경쟁이 가장 치열한 곳은 아마도 하카타일 것이다. 하카타는 후쿠오카현뿐만 아니라 큐슈 전역에서 고객이 모여 야마구치, 히로시마 주변에서도 찾아오는 일대 상업 적지다. 멋쟁이 패션 의류를 사려면 우선 하카타로 가라는 것이 큐슈 사람의 말이다. '하카타 상인'이라는 말이 있듯이 역사적으로 보면 에도시대보다 일찍 발달한 상업 지역이기도 하다.

최근에는 일본뿐만 아니라 한국이나 중국 등 아시아 지역에서도 고객이 몰리고 있다. 다이에가 프로야구 구단을 사서 하카타에 본거지를 옮긴 것은 결정적으로 옳았다. 다만 다이에 그 자체가 가지 않았을 뿐이다.

그 하카타의 중심인 텐진 지구(후쿠오카의 제일 번화가)에는 후쿠오카 미츠코시, 하카타 다이마루, 이와타야로 백화점이 도로를 사이에 끼고 줄지어 서 있다. 뿐만 아니라 비브레(패션 전문점 이름), 텐진 코어, 이므스, 솔라리아플라자라는 전문점 빌딩도 많이 들어섰다. 반지름 수백 미터의 범위 내에 이렇게 많은 상업 시설이 겨루고 있는 상업지는 달리 찾아볼 수 없다.

게다가 텐진 지구는 지하상가가 발달하여, 긴 지하 상점가를 이루고 있다. 이 번화함과 잡다함과 인구 집중이 바로 큐슈 상업의 중심지라 하기에 어울린다.

거기에다 2006년 9월에는 이와타야에 인접하여 'VIORO'라는 전문 상가가 새로 오픈했다. 이 상가는 젊은이용 의류품점이나 잡화점을 중심으로 58개 점포가 입주하는 새로운 전문점 상가 빌딩으로, 큐슈에서 처음 출점하는 점포가 40개 점포에 이른다고 하니 오픈 전부터 화려한 화제를 뿌렸다.

또 하카타 역에 한큐가 출점할 계획이다. 2011년 예정이다. JR과 함께 역 빌딩 출점으로, 텐진 지구와는 약간 떨어져 있지만 서쪽 현관 입구에 거대한 백화점이 새로 탄생한다고 하니 경쟁은 점점 치열해 질 것으로 보인다.

그런 텐진 지구가 얼마나 인구 집중도가 높은가 하면 미츠코시, 다이마루, 이와타야 3개 백화점에서 큐슈의 전체 백화점 매출의 30%를 올리고 있다는 것을 보더라도 알 수 있다. 경쟁도 치열하지만 경쟁 속에서 고객이 빠짐없이 밀려 올 기색이 엿보인다.

3개 백화점 모두가 매장 면적 약 4000㎡ 급의 대형 점포로, 매출은 이와타야가 62억 엔, 후쿠오카 미츠코시가 31억 엔, 하카타 다이마루가 55억 엔이다. 차이는 다소 있지만 (2006년 6월 실적, 단 다이마루는 나가사키야도 포함한 합계) 절대적인 것이 아니기 때문에 방심하면 당장 뒤집힐 것 같은 위기감이 있다.

그 치열한 싸움을 차례로 펼치고 있는 3개 백화점의 하나인 이와타야는 이세탄의 자회사다. 바로 별동대에 의한 대리 전쟁이다.

⋮ 명문 중의 명문 '이와타야' 지원 성공으로 그룹화

이와타야는 원래 하카타의 노포 백화점이었다. 도쿄에서 말하면 그것이야말로 미츠코시, 이세탄, 교토에서의 타카시마야, 다이마루라는 노포와 동등 이상의 브랜드력을 가지고 고장 사람들에게 사랑을 받아온 명문 중의 명문이다.

그 명문 백화점의 경영이 기운 것은 확대 전략의 무리한 결과가 나타났기 때문이다. 이와타야는 큐슈 일대에 점포를 적극 출점했으나 그 지점이 모두 경영 악화로 고전을 면치 못했다. 대부분은 토지를 자비로 취득하여 이자가 붙는 부채로 부풀었다는 것도 경영을 압박했지만 본점의 압도적인 지명도가 지방에서는 위력을 발휘하지 못했다는 오산도 겹쳐졌다.

이와 관련해서 도쿄에서 미츠코시·이세탄, 교토에서 다이마루·타카시마야, 누구나 알고 있는 명문 백화점의 이름도 지방에서는 그다지 관록이 서지 않았던 것이다. 단지 중앙의 지점 정도로 인식하거나 중소 백화점에 불과하다 하여 경시 당하곤 했다. 지방에서 명문으로 정착하려면 긴 노포의 역사나 압도적인 지역 제일의 점포가 되는 것이 조건이라 할 수 있다. 하지만 그 어느 것도 이와타야의 큐슈 점포는 달성하지 못하고 있었다.

쌓이고 쌓인 경영 악화가 버블 이후의 불황으로 표면화 되었다. 그때까지 전체로 하는 결산 중시였기 때문에 자회사의 손실은 좀처럼 나타나지 않았으나 연결 중시의 회계 방침이 정착하여 숨겨져 있던 적자가 잇따라 드러났다.

1999년에는 연결 채무 초과가 300억 엔으로 부풀어 올라 있다는 것을 알았다. 버블 붕괴 이후에 연결 이익의 최고가 8억 엔 정도밖에 없는 이와타야에서 이만한 규모의 채무 초과에 빠져 버린 것이다. 해결 따윈 도저히 불가능하며 파탄은 필연적이었다.

건곤일척의 대승부에 나간 것이 'Z(지)사이드'라는 신관이었다. 본점과 그리 멀지 않은 곳에 매장 면적 3000㎡ 급의 젊은이용 의류품에 특화한 신관을 출점했다. 이것을 중핵으로 점포를 재구축하려 한 것이다.

그런데 Z사이드는 젊은이용으로 너무 특화했고, 게다가 매장 면적이 너무 넓어서 이익을 올릴 수 없었다. 수요와 공급의 균형을 이루지 못했던 것이다.

또 이와타야 전 점포에서는 적극적인 자주편집매장 만들기에 노력했다. 자주매장은 완전 매입이 기본이었으니까 히트하면 높은 이익을 올릴 수 있었으나 팔리지 않으면 재고 부담이 되어 이익을 압박했다. 높은 노하우를 갖지 않으면 좀처럼 잘 안 되는 것이었다.

이런 방침 역시 이와타야의 경영을 압박해 갔다. 채무 초과의 해소는커녕 본업에서 적자를 축적해 간다는 최악의 결과를 초래하고 있었다.

그 결과 이와타야는 경영 파탄, 2002년에 사적 정리에 의한 재건을 지향하게 되었다. 그때 사적 정리가 인정된 것은 이세탄이 자본, 인적 지원을 표명했기 때문이었다. 채권자로서의 거래은행으로서는 이세탄이 지원한다면 이와타야의 신용도는 비약적으로 높아진다. 은행이 거의 채무 초과분 포기에 응한 것도 이세탄에 의한 재건에 기대를 걸었기 때문이었다.

물론 이와타야도 자산을 매각하는 등 재건을 위해서 피를 흘리고 가혹한 구조조정을 추진해 갔다. 3개 점포의 채산성이 없는 점포를 철수하고 현재는 본점과 쿠루메 2개 점포, 그리고 20% 정도의 인원을 삭감했다. 또 구 본점은 텐진의 교차점에 위치한, 바로 '초' 자가 붙는 일등 점포였는데, 이것도 매각하여 현재는 큰길에서 약간 들어간 곳에 위치해 있다.

그 결과 2005년에 재건을 완료하고 이세탄의 자회사로써 재출발하게 되었다. 이렇게 조기에 재활이 가능했던 것은 이와타야 자신의 브랜드력도 있지만 현장에 있어서 이세탄의 지원 요소가 컸기 때문이었다.

▮ 이세탄이 행한 로우 코스트 지원의 진수란

이세탄의 지원 방법은 독특했다. 자본면에서의 지원이 아니라 인적 지원을 우선시 한 것이었다.

자본을 원조하여 재무 개선을 먼저 해도 본업이 갈기갈기 찢긴 상태로는 소쿠리로 물을 푸는 것과 같은 것이다. 기뻐할 곳은 융자를 회수할 수 있는 금융기관뿐이며, 재활을 위한 적극적인 투자에는 우선 사용할 수 없는 것이 은행의 상식이다. 체력이 회복되지 못하고 지원 기업도 본심으로 도전할 수 없기 때문에 결과로써는 재활이 늦어진다. 이번과 같이 만 3년에 완료된다는 것은 거의 있을 수 없었다.

이런 재건 수법에 대해 이세탄에서는 최초로 사장을 내보내고, 본업의 재활을 우선시 했다. 물론 본점의 매각이나 채무 면제 등 재무의 재건도 병행했지만 지원 기업으로서는 주도적으로 관여한 것은 아니었다.

이세탄은 사장으로 사쿠마 요시나리를 보내어 이세탄 유형의 영업 개혁에 몰두하도록 했다. 특수한 방법이 아니라 이 책에서 몇 번 설명한 고객 제일주의를 기본으로 하여 현장의 충실을 꾀하여 갔다.

점포를 찾아오는 고객이 불쾌해 하지 않도록 점원의 교육을 재검토하고 매장에서의 잡담 금지, 고객의 질문이나 요망에 즉시 응할 수 있는 접객 수준으로 끌어올렸다. 또 현장에 나가지 않는 간부 사원을 적극적으로 현장을 돌게 했고, 개선점을 발견하면 자주적으로 개선시켰다. 이세탄에서 실행했던 것과 같은 의식 개혁을 여기서도 만족하지 않고 마음의 긴장을 풀지 않고 실행했다.

기본으로 되돌아간다. 멀리 돌아가는 것 같아도 실은 재건의 최단거리였다는 것을 알 수 있다.

상품 구색 갖추기 자체는, 원래 이와타야는 이세탄이 주도하는 ADO라는 공동 매입 기구의 멤버였기 때문에 이것을 통해서 매입을 적극화 해나갔다. 단순히 이세탄 본점에서 히트한 상품을 매입하는 것만으로도 히트 확률은 높아지고 효율화로 이어졌다.

또 이세탄에서의 브랜드를 이와타야에서도 도입하는 등 두 회사에서 함께 표찰을 만들어 내도록 하여 상품 전개를 해나감으로써 큐슈 상권의 최첨단 패션 수요를 반영시킬 수 있었다. 또 볼

류 존의 상품으로는 이세탄과의 공동 매입도 추진했다.

이와타야는 젊은이용 패션에 특화한 것처럼, 원래 큐슈 지구에서는 최첨단의 유행 발신기지였던 만큼 패션 분야에서는 정평있는 이세탄의 MD력이 가담함으로써 상품 구색 갖추기도 매장의 양상도 전혀 다르게 되었다. 지금은 도쿄의 백화점에서도 좀처럼 눈에 띄지 않는 화려함과 멋쟁이 매장으로 되어 있다.

재건 도중에 구 본점을 매각하고 큰길에서 약간 안으로 들어간 곳에 본점을 둔 만큼 절대적인 고객 집중력이 떨어지는 것은 어쩔 도리가 없었다. 그러나 그것이 반대로 개성을 요구하는 고객의 욕구에 일치시켜 그다지 좋지 않은 상태는 보이지 않았다.

요컨대 그것은 방법에 따라서는 큰길에 위치한 하카타 다이마루나 후쿠오카 미츠코시와 충분한 경쟁이 되며, 이길 수 있다는 것이 되었다.

▎'이와타야 이세탄', 공동 보조로 큐슈 제압이 가능할까

그리고 2006년 6월, 이와타야의 사장은 하야미 토시오로 바뀌었다. 이세탄에서 2대째 사장으로 취임되었다.

전임자가 업적을 만회하여 다음 단계로 신임 사장이 이세탄식으로 경품을 붙이거나 값을 내려 더욱 업적을 향상시키는 역할을 맡고서의 등판이라 할 수 있다.

이세탄으로서 이와타야는 어떤 위치를 차지하게 되는가?

말할 것도 없이 이세탄의 별동대로써 큐슈 상권에 쐐기를 박았다는 것이다. 게다가 규모, 신용, 브랜드력, 모든 면에 있어서도 최강의 별동대라 할 수 있다. 본진으로 진출해도 이것을 능가할 수는 없었다. 이와타야의 경영 위기라는 상황의 허점을 이용했다고도 말할 수 있지만 우선은 이상적인 그룹 기업을 손에 넣은 셈이 되었다.

앞에서도 언급했지만 백화점은 오버스토어 상태에 있으며, 특히 도시에서는 이후의 출점 여지는 한정되어 있다. 그 지방에서 이미 오랫동안 영업을 하고 있어서 신용이 있고 일정한 규모도 있다. 그런데 운영 노하우가 좋지 않아서 경영이 곤란해져 있는 백화점은 얼마든지 있다. 그런 지방 백화점을 그룹으로 끌어들이는 수법이 그 지방에 진출하는 데 가장 손쉽고 또 리스크도 적게 든다.

이와타야의 경우는, 이후 이런 매수가 증가하겠지 하고 예측되는 모델이 될 것이다. 이후는 서서히 이세탄 색깔을 강화하여 장래에 '이와타야 이세탄'이라는 명칭이 될 가능성도 있다.

그런 의미에서는 코쿠라 이세탄보다 이와타야 쪽이 중시되리라 생각된다.

코쿠라 이세탄은 JR코쿠라 역 빌딩에서 코쿠라 소고가 철수한 뒤를 인계 받은 형태로, 2004년 2월에 오픈한 이세탄 그룹으로는 가장 새로운 점포다.

입지는 탁월했지만 불투명한 요인도 많았다. 우선 상권이 적었다. JR코쿠라 역은 터미널 역이 아니라 이웃 하카타 역으로 가는 곳에 있어, 역 빌딩의 좋은 입지라고는 하지만 고객 집중력에 약점이 있었다. 이와타야가 매상 800억 엔을 넘는 데 비해 비쿠라 이세탄이 200억 엔이 뒤지는 것도 그 때문이었다.

또 코쿠라 시내에는 300미터 정도 떨어진 곳에 이즈츠야라는, 이 지역에서 제일 가는 점포가 있었다. 이즈츠야는 ADO를 통한 이세탄 그룹에 위치하고 있지만 이와타야와 마찬가지로 경영이 엄격하고 이세탄과의 시스템 통합 등 지원을 요구하고 있었다. 코쿠라 이세탄과의 제휴도 추진하고 있었지만 이후 이 두 회사를 어떻게 융합시켜 나갈 것인지 그룹으로서도 곤란을 겪고 있었다.

이와타야에서 성공한 방식이 여기서도 통한다는 것도 아니기 때문에 새로운 지원 수법을 도입해야 할 것이다. 코쿠라 이세탄, 이즈츠야의 처우는 이와타야와 세트로 하여 모델 케이스로써 주목해 나아가야 할 것이다.

▐ 북쪽의 영웅 '마루이이마이도 산하로

이와타야와 같은 상황에 놓인 것이 북쪽의 대소비 지역인 삿포로의 마루이이마이다.

삿포로의 백화점은 삿포로 역 미나미구치(남쪽 출구)에서 오오도오리 공원, 스스키노(삿보로 중앙부에 있는 번화가)를 향해 남하해 가는 번화가에 집중해 있고, 미츠코시, 삿포로 토오큐우 백화점, 로빈슨 백화점(구 마츠자카야) 그리고 마루이이마이로 집중되어 있었다. 게다가 2003년에는 JR과 협력하여 역 빌딩에 다이마루가 오픈하여 격전이 전개되고 있었다.

주변에는 지하상가도 발달하고 전문점도 난립하고 있었다. 하카타의 이와타야와 거의 같은 상황으로 미츠코시, 다이마루와 경합하는 백화점도 거의 같았다. 원래 북쪽의 현관 입구로써 삿포로는 홋카이도뿐만 아니라 일본 전역에서 많은 관광객이 모이는 상업 지역이라는 점에서도 비슷했다.

구조적으로도 그들 중앙 자본에 대항하는 현지 자본의 노포 백화점으로, 극심한 경쟁 속에서 경영이 악화되고 있었다. 특히 하카타에서는 미츠코시, 삿포로에서는 다이마루라는 거대 자본의 참전으로 단번에 경영 악화가 표면화 된 것도 공통적이었다.

노포 백화점이니만큼 창업 일가를 경영주로 모시고 그것을 지원하는 지배인 계층이라는 체질이 경직화 되어 있었던 점도 공통적이었고, 그 때문에 자력으로의 구조조정이 좀처럼 진척되지 못하고 있었다. 재건을 위해서는 타 자본과 노하우 도입이 불가결하다는 상황도 매우 비슷했다.

이 지역에 발판이 없는 이세탄이 마루이이마이의 지원에 손을 든 것도 당연하긴 했다. 마루이이마이는 이와타야와 마찬가지로 ADO 유력 멤버라는 것도 유사했다.

그런데 이세탄은 마루이이마이의 지원에는 신중에 신중을 기했다. 이와타야와 결정적으로 다른 점이 있었기 때문이었다.

▮ 마루이이마이 지원까지의 우여곡절

이와타야와 마루이이마이와의 차이는 이와타야의 경영 악화, 이른바 본업의 지반이 점점 내려앉은 것이 주된 원인이었는데 비해 마루이이마이의 경우는 거기다 창업자의 공사(公私) 혼동과 난맥 경영이 겹쳐져 있었다는 데 있다.

이것이 재건을 어렵게 하고 이와타야보다 빨리 경영 악화가 현실화 되고 있었음에도 불구하고 이세탄은 손을 놓을 수가 없었다.

마루이이마이의 4대 사장은 공사(公私) 혼동이 대단했다. 해외 투자나 부동산 투자에 빠져들어 그 빚을 마루이이마이에게 갚도록 하여 회사의 채무는 청정부지로 부풀어 올랐다.

개인 회사를 위해 수십 억 엔을 차용하는 데 마루이이마이가 채무 보증을 서게 하여 어느 새 마루이이마이의 채무가 되게 했다. 게다가 채무보증을 중역 이사회에서 승인한 것 같이 의사록을 위조하기도 했다.

그룹 회사를 통해서 4대 사장의 개인 회사에 거액의 융자가 흘러들어간 일도 있었다. 마치 그를 위해 만들어진 그룹 회사 같았다.

이런 난맥 경영에 제동은 걸리지 않고 매출 1100억 엔 규모의 그룹 차입금은 600억 엔에 달했으며, 더구나 400억 엔의 채무 보증이 생겼다. 매출에 필적하는 채무를 안고 있다면 그룹 운영은 도저히 불가능한 일이었다.

홋카이도의 편안하고 한가로운 지방의 특성상 메인 뱅크는 이미 해체된 홋카이도 척식은행이었다. 이 은행의 엉성한 융자 형태에 놀라지 않을 수 없었고, 이 때문에 은행의 파탄과 동시에 제4대 사장도 해임되기에 이르렀다.

그러나 마루이이마이는 멈추지 않았다. 4대 사장이 끈기 있는 태도를 발휘하여 그룹 회사의 해체, 매각을 저지했다. 홋카이도 경제의 상징인 마루이이마이가 망하면 홋카이도 경제가 재기 불능하게 된다는 은행이나 거래처의 위기감도 있어 구조조정이 늦어지는 등 질질 끌며 움직이지 않고 있었다.

1000억 엔에 달하는 부채의 처리 계획도 세우지 못하고 있었다. 아무리 이세탄이라 해도 손을 댈 수 없는 실정이었다.

북쪽의 대소비지에 쐐기를 박고 싶다는 이세탄의 의도는 이와타야의 경우와 같지만 섣불리 손을 대면 큰 화상을 입을까 봐 지원 표명은 2005년으로 늦췄다. 게다가 그때도 출자는 하지 않을 것을 표명하고, 지원은 인적 지원과 시스템 통합에 그치기로 했다.

인적 지원도 고작 부장급까지이고, 이와타야와 달리 사장을 파견하는 일도 하지 않았다. 그만큼 마루이이마이의 재건은 불투명했고 리스크도 컸던 것이다.

▌ 최소한의 출자로 홋카이도에 거점 구축

이세탄 지원이 결정된 2005년 6월 이후, 마루이이마이에서는 본격적인 재건 계획에 들어갔다.

거래 은행과 마루이이마이의 간부들에 의해 어중간한 재건 계획이 만들어졌다가는 수정하고, 수정한 것을 다시 고치는 등 계속해서 구체적인 계획안 작성을 끌어왔지만 이세탄이 결국 출자하지 않는다고 표명함에 따라 실로 위기감에 눈을 떴을 것이다. 이세탄에서 어떻게든 돈만 끌어오려했던 희미한 희망이 산산조각 난 것이었다.

그 재건 계획에 따라 채산성이 없는 점포는 폐쇄하고 적자와 불량 채권을 안고 있는 그룹 회사를 떼어놓았다. 그리고 별개 회사와 통괄하여 마루이이마이 본점 등 수익성이 있을 회사를 재건 대상으로 삼았다. 그 회사들을 이세탄이 지원하기로 했다.

이로써 겨우 재건의 움직임을 보이기 시작했다. 다만 제4대 사장은 이에 대해 완고하게 저항했고, 재건 계획의 무효를 주장하고 나섰다. 이래서는 본격적으로 지원에 들어가도 내분이나 분쟁이 일어나고, 리스크가 크다 하여 이세탄 역시 출자를 미루고 있었다.

하지만 이세탄으로서도 출자를 전혀 수반하지 않는 재건 지원에서 재건을 리드하는 것도 어렵고, 이세탄 지원을 불안시 하는 마루이이마이의 거래처 요망도 있고 해서 2006년 6월에 결국

5억 엔 정도의 출자를 하기로 용단을 내렸다.

이런 경위로 이세탄은 자신의 색깔도 내세우지 못하고 마루아이마이 재건에 들어갔다.

이세탄으로서는 최소한의 출자로 노포 백화점인 마루이이마이를 손에 넣을 수 있었고, 홋카이도에 거점을 구축할 수 있었다.

⦂ '숙시熟柿작전'으로 지방 백화점 둘러싸기에 성공

이와타야와 마루이이마이를 그룹화 한 이세탄의 수법은 이른바 '숙시 작전'이었다.

이세탄 측에서 매수나 기업을 탈취하려는 것도 아니고, 오히려 대상인 백화점 측이 꼼짝달싹하지 못하고 이세탄에게 지원을 요구해 온 것이었다. 그에 대해 우선 인적 지원, 재건 목표가 세워지자 자본 면에서 지원을 하고 그룹화 하여 별동대로 움직였다.

지역의 노포 백화점에만 브랜드 제품이 들어와 있고, 백화점 이름을 배우는 것도 좋은 방법이 아니라는 생각에 종래의 명칭을 계속 사용하기로 했다. 이세탄 색깔이 보다 짙어지거나 통일된 브랜드 전략이 필요하면 '후지고 이세탄'과 같이 더블 네임으로 하는 것도 좋은 방법이었다.

다만 이세탄 측으로서는 그룹화 하여 매장을 늘린다는 '실리'를 취함으로써 우선은 만족하는 정도였다. 일정 규모 이상의 매장 수가 늘어남으로써 판매력이 높아졌고, 유리한 거래 조건으로 이익률을 높일 수 있었다. 또 다품종 대량 판매도 가능해졌다.

그것이 가능한 것도 이세탄 자체가 백화점 운영에 자신감을 가지고 있었기 때문이었다.

어떤 적자 백화점이라도 자신들이 하고 있는 것을 도입하면 매상을 신장하여 만회할 수 있다는 절대적인 자신감이 있었기 때문에 자본에 의존하지 않고 인재의 투입으로 그룹화를 도모할 수 있는 것이었다.

그 때문에 숙시작전은 시간과 노력이 든다. 자본력으로 단번에 산하에 끌어들이는 것이 아니라 신용을 하나하나 쌓아 가기 위해 대부분 자기 계열인 ADO그룹의 백화점으로부터 지원 요청을 받고 나서 지원을 하게 된다. 이와타야와 마루이이마이가 그와 같은 경우다.

백화점의 경영은 악화의 도를 넘어서자 살아 남기 위해 이세탄에게 지원 요청을 계속했다. 이세탄이라 할지라도 그 모두를 들어줄 수는 없었고 선택적으로 하지 않을 수 없었다.

▮ 새로운 백화점 재편의 핵이 될 것인가, 'ADO 멤버'

ADO멤버는 32개 사에 달했다. 총 매출은 2조 엔을 넘었고, 백화점의 공동 매입 기구로써 최대 규모였다. 단순한 상품의 공동 매입에 불과했던 이 조직이 새로운 백화점 재편의 핵이 될 가능성이 컸다.

이미 이세탄은 핸드백이나 캐주얼 의류 등의 범주마다 자주 개발품 매장 '유니트숍'을 멤버 각 사에 출점하고 있었기 때문에 이세탄의 최첨단 의류 등을 도입하면 매장도 활기를 띠니 그룹의 멤버로서도 반대를 하지 않았다.

이와 관련하여 ADO멤버는 후지마루, 마루이이마이(홋카이도), 카와토쿠, 오오누마, 후지사키(동북), 토오부우츠노미야, 스즈란, 마루히로, 야키하시, 토오부 백화점, 마츠야, 케이큐 백화점(칸토오), 메이테츠, 카나자와 메이테츠, 산요오 백화점(니시 니혼), 텐마야, 요나고신마치 텐마야, 타카마츠 텐마야(츄, 시코쿠), 이즈츠야, 쿠루메 이즈츠야, 토키하, 하마야 백화점, 츠루야, 야마가타야, 미야자키 야마가타야, 리우보우인더스트리(Riubou industry) (이세탄 그룹 각사를 제외함)가 되었다.

또 이세탄은 1996년부터 한큐 백화점과 업무 제휴를 맺고 있었으며, 양사가 갖는 패션 의류에 대한 노하우를 가지고 모여 고품질의 우량 패션 의류를 중심으로 공동 개발을 추진했다.

현상에서는 이런 그룹의 힘을 유기적으로 맺어 발휘하고 있다고는 할 수 없지만 서로의 수익력 향상을 도모하고 살아남기 경쟁에서 이기기 위해서는 이후 각 사의 결속 강화를 추진해 가는 것이 주요 요인이 되었다.

이런 주위 백화점 흡수는 미츠코시, 타카시마야도 활발히 전개해 나아갔다. 미츠코시에서는 우스이 백화점, 오카지마, 사이카야, 프랑탕 긴자, 이치바타 백화점, 이온그룹 백화점, 킨테츠 백화점 그룹 등 35개 사 77개 점포를 흡수했다.

타카시마야의 하이랜드 그룹은 사쿠라노 백화점, 미토 케이세이 백화점, 케이오, 후지큐, 엔테츠 백화점, 마루에이, 야나겐, 야마토야시키, 타마야 그룹 등 20개 사 44개 점포를 흡수했다. 그 상호 관계의 짙고 옅음은 어떻게든 지방 백화점으로서는 중앙의 큰 백화점과 손잡고 그룹에 들어가지 않으면 안 되었다. 상품 조달이나 MD 등으로 같은 지역의 백화점에 뒤진다는 위기감이 강할 수밖에 없었다.

▪ 또 하나의 방법, 교토 이세탄에서 보는 도전 지향

이런 계열화를 추진함으로써 서서히 재편을 해 나아가는 것이 이세탄의 확대 전략의 기본이라 할 수 있다. 또 하나의 방법으로써 다른 자본과 공동이라는 조건을 붙이면서 자신이 진출해 가는 경우도 있다. 바로 코쿠라 이세탄과 교토의 JR교토 이세탄(정식으로는 JR니시 니혼 이세탄)이다.

코쿠라 이세탄은 소고 철퇴 이후의 지방 자본과의 공동 출자로 진출했다. 내부 사정은 분명하지 않지만 소고 다음이라고 하여, 어느 백화점도 임차인으로서의 출점을 주저하고 임대인 측은 파격적으로 좋은 조건을 제시했다고 생각할 수 있다.

JR교토 이세탄은 JR니시 니혼과 제휴하여 진출했다. 2007년 9월이 개점 10주년이었다.

교토라는 지역은 폐쇄적인 풍속 때문에 애초에 새로운 백화점의 진출이 위태로워 보였다. 시조오도오리의 오오마루, 타카시마야를 비롯하여 후지이 오오마루, 교토 킨테츠 백화점과 노포 백화점 모두가 고정 고객을 확보하고 있었기 때문이었다.

고객층이 보이지 않는 데다가 교토의 번화가에서도 떨어져 있었다는 것, 경관을 배려한 빌딩 때문에 매장 면적은 약 40000㎡로, 빌딩의 규모로 보면 좁다는 것 등 불안한 요소를 안고 출발했다.

그런데 또 교토는 일본 최대의 관광지이기도 하며 연간 수천만 명 이상의 관광객이 찾아오는 곳이었다. 그 현관 입구인 교토 역에 출점하는 데 성공할 전망은 극히 컸다.

결과는 대성공이었다. 공항 빌딩과 같은 넓은 면적과 참신한 빌딩 설계 등이 평판을 얻어 관광 명소에 따른 관광객뿐만 아니라 그 지방의 손님도 받아들였다.

당초의 매출은 연간 300억 엔 정도로 예상하고 있었는데 당해 연도에 대폭적으로 예상을 웃돌았으며, 현재는 600억 엔을 넘는 당당한 주력 점포로 자리잡았다.

JR니시 니혼이라는 대기업과 손잡은 효과는 컸다.

자본면에서도 문제가 없었고, JR터미널 역의 빌딩 내에 핵심 점포로 출점하는 것이기 때문에 고객 집중력도 극히 높았다. 물론 JR의 자산을 재활용하는 것이기 때문에 역 빌딩이라는 화려함에 비해 낮은 코스트로 건설할 수 있었다.

JR 측으로서도 역 빌딩의 전문점은 있었지만 MD에 통일감이 없고 상품도 중복되거나 부족하여 운영면에 어려움이 있었다. 여기에 이세탄의 MD력이 가담했으니 고성장은 약속된 것이었다.

이 교토 이세탄의 성공에 재미를 붙인 것처럼 JR은 적극적으로 역 빌딩에 대한 노포 백화점 유치를 추진해 나아갔다. 나고야에서는 타카시마야, 삿포로에서는 다이마루, 그리고 하카타에서는 한큐 백화점과 역 빌딩으로 유치하여 각각 큰 성공을 거두었다.

이와 관련하여 다음 역 빌딩 출점은 우에노 역이었다. 그리고 출점하는 곳은 미츠코시가 될 확률이 높았다. 물론 아직 구체화된 단계는 아니고 추후의 문제겠지만……

▌적극화 하는 해외 출점은 현지에 융화할 수 있는가가 주요 핵심

해외는 국내와 달라서 누구나 거리낌 없이 점포를 겹쳐 낼 수 있다. 물론 국내에서는 어디에나 점포를 낼 수 있다고는 할 수 없다. 유럽 등의 선진국에서는 새로 점포를 내는 환경은 일본과 다를 바 없지만 중국이나 동남아 등 급성장을 거듭하여 나라 전체에 활기를 띠고 있는 곳에서는 점포를 낼 여지가 극히 많았다.

이런 지역은 부유층이 계속 늘어났다. 나라 전체가 가난했기 때문에 고액 소비를 제공하는 환경이 갖추어져 있지 않아 백화점의 경쟁도 적을 뿐만 아니라 호화롭고 화려한 백화점을 갖추면

쇄도하기 마련이다.

또 이런 관계도 있고 해서 동남아나 중국에서 점포를 내는 비용이 국내와는 비교가 되지 않을 정도로 싸게 든다. 수백 억 엔 정도는 틀림없이 드는 국내에 비해, 물론 점포를 내는 지역에 따라 다르겠지만, 10~20억 엔 정도면 제법 넓은 백화점을 낼 수 있으니 점포를 대량으로 내는 것도 가능하다.

물론 해외 점포에는 리스크도 있다. 나라에 따라서 다른 관세제도나 정치체제의 변화, 환율이나 경제 정세의 변화 등 예측할 수 없는 돌발 사고의 가능성은 항상 높다. 최근에는 이슬람 과격파 등에 의한 자폭 테러의 위험성도 높아졌다. 호화롭고 아름다운 백화점은 자본주의의 상징으로써 표적이 될 가능성이 높은 것이다.

다만 이런 리스크는 항상 내포하고 있으며, 사전에 미리 파악하고 있는 것도 아니고 다만 예상된 것이다. 그것보다 해외 점포 내기에서 성공하기 위해서는 현지의 소비자로부터의 신뢰를 얻는 것이 최대 요인이다. 이것은 국내에서도 해외에서도 다를 바 없다.

대상은 현지의 부유층이다. 역시 현지의 실정에 일치된 상품 구색 갖추기나 가격 설정 등 섬세한 MD를 행하지 않으면 부유층이라 할지라도 외면한다. 강행하는 MD도 단기적으로는 효과를 올릴지 모르지만 장기적으로 그 나라에 뿌리내리려고 한다면 현지의 관행이나 소비 동향에 따른 MD를 추진해 갈 필요가 있다.

버블기 이후에 일본의 해외 백화점들이 모두 문을 닫을 상황에 몰리게 된 것은 국내의 불황 이유도 있지만 일본류의 MD를 현지에 강요한 것이 최대의 원인이었다. 아무튼 일본의 백화점과 매장도 상품도 거의 다를 바 없기 때문이다.

이런 반성에 입각하여 해외 전개를 추진하고 있는 것이 이세탄이다. 이세탄에서는 중국이나 동남아를 중심으로 매년 1~2개 정도의 점포를 낼 계획에 있다.

그리고 2010년경까지는 해외 점포를 20개 점포까지 늘릴 계획이다.

현재의 해외 점포는 싱가포르에 4개 점포, 말레이시아의 콸라룸푸르에 2개 점포, 중국의 상하이에 2개 점포, 천진에 1개 점포, 제남에 1개 점포, 대만의 고웅에 1개 점포, 타이의 방콕에 1개 점포를 모두 합쳐 12개 점포(전문점이나 기프트 숍을 제외한 백화점만)이다.

그리고 이세탄은 2007년에 중국 사천성의 성도와 요령성의 심양에 점포를 내어 중국에서만 6개의 점포를 가지고 있다.

경제 성장이 연간 2자리 수를 보이고 있는 중국은 부유층의 팽창이나 소비 수요의 증가가 놀랍기 때문에 이세탄에서는 특히 대도시를 노려 점포 내기를 거듭하고 있다.

13억 인구에 달하는 이 나라의 장래를 전망하여 일본 기업뿐만 아니라 다른 나라의 소매업자도 똑같은 생각으로 점포 내기를 서두르고 있기 때문에 발판은 빨리 구축하는 것이 선행 되어야 하는 것이다.

이세탄에서도 국내에서는 생각할 수 없을 정도의 점포 내기를 계속하고 있는데, 대도시로 표적을 옮겨 적극적으로 점포 전개를 해나갈 방침이다.

▮ '뉴즈 스퀘어'라는 독특한 숍에서의 전략 전개

해외에서는 새로 점포를 낼 여지는 높지만 국내에서는 설명한 바와 같이 오버스토어 상태로 신규 점포를 내기는 상당히 어렵다. 안건 그 자체가 적고, 코스트도 들고, 경쟁도 치열하기 때문에 모처럼 점포를 내어도 살아남는다는 것은 보통 힘든 일이 아니다.

그런 상황에서 이세탄은 이와타야를 자회사화 한 것처럼 기존 백화점을 구제하는 형태로 산하에 넣는다는, 리스크가 적은 방법을 고안해 냈다.

다만 그것만으로는 확대 전략에 한계가 있다. ADO 계열의 백화점의 경영 악화를 기다리는 숙시작전은 기본적으로 기다리는 태도다.

그래서 이세탄에서는 '뉴즈 스퀘어'라는 분야마다의 유니트 숍을 개발하여 캐주얼, 신사, 부인, 클로버사이즈, 핸드백 등을 이세탄의 각 지점 점포에 내고 있다.

상품의 구색 갖추기나 매장의 디스플레이 등의 MD는 본부가 관리하고 컨트롤한다. 어떤 브랜드의 어떤 상품을 취급할 것인가를 본부가 결정하고 매입하여 숍에게 돌보게 한다. 이세탄에서는 이런 숍을 적극적으로 개발하고 있는데, 더욱 변화를 늘리려 하고 있다.

이 변화가 일정 이상으로 완성되면 여러 가지 업태로 진출할 수 있게 된다. 공격적인 확대 전략을 취할 수 있는 것이다.

예를 들면 최근 급증하고 있는 업태가 교외형의 쇼핑센터다. 광대한 부지에 다종 다채로운 업태의 전문점을 모아서 고객 집중력을 높였다. 이 SC의 핵심 점포로써도 이세탄의 이름으로 낼 수 있다. 매장의 넓이나 형상, 소비자의 동향, 타 점포와의 경합 상태 등에 맞추어 유니트숍을 편성하여 큰 유니트로 점포를 내는 것이다.

그 편성은 예를 들면, 20의 유니트숍이 있으면 단순히 400가지나 된다. 어떤 점포의 요망에 맞추어 점포를 낼 수 있고, 일단 점포를 낸 후에 판매가 좋지 않다는 등의 계산 착오에도 대응하여 유니트를 다시 편성하는 것도 용이하다.

쇼핑센터뿐만 아니라 슈퍼, 홈 센터, 전문점 빌딩 등 다양한 업태에도 안건만 있으면 얼마든지 점포를 낼 수 있다(이세탄의 브랜드를 생각하면 현실적으로는 어디에나 점포를 낼 수는 없지만 가능성으로써).

물론 기존의 백화점 매장에 점포를 낼 수도 있다. 이미 이세탄 계열의 ADO가맹점인 지방 백화점 몇 곳에는 이세탄의 '뉴즈 스퀘어' 숍이 전개되어 있다.

백화점 업태로써의 점포 내기가 이른바 정면 돌파라고 한다면 이런 유니트숍으로 매장을 확대해 나아가는 것은 서서히 조금씩 확실하게 침투시켜 나가는, 식량 보급로를 차단하여 적의 전투력을 약화시키는 공법과 같은 것이다. 서서히 조금씩 확실하게……. 경쟁사의 입장에서 보면 막대한 매장을 확보하고 있다는 결과가 될 수 있다. 물론 리스크도 적다.

이 유니트숍 전개에 큰 힘을 발휘하고 있는 것이 퀸즈 이세탄이다.

▌전략 업태의 하나 '퀸즈 이세탄'의 잠재력

퀸즈 이세탄은 이세탄 자회사의 식품 전문 슈퍼마켓이다.

취급 상품은 청과, 어패류, 정육, 델리카(Delikatessen. 독일어의 delikat=맛있는, Essen=먹다), 일반 식품, 주류 등이다. 식품은 소비자로서 매일의 필수품이니만큼 소매점 입구는 고객 집중력이 매우 높은 곳이다. 퀸즈 이세탄이 취급하는 것은 매일 식탁에 오를 식품보다 약간 등급이 높은 식품이다. 요즘처럼 먹거리의 개념이 바뀐 포식시대에 있어서 질적인 면을 생각하는 식품이 수요 또한 높다.

매장의 넓이에 따라 다르지만 풍부한 상품 구색 갖추기는 거의 모든 식품을 자기 부담으로 운영하고 있으며, 극히 질 높은 상품으로 구성되어 있다.

예를 들면, 식료 잡화로서는 요코하마 전문점의 중화 재료나 스파이스 전문점의 향신료 등의 오리지널 상품을 중심으로 다양한 상품을 갖추고 있고, 과자는 일본의 명과부터 수입 과자까지 가지각색이다.

주류 코너에서는 지방의 명주(특별한 이름이 붙은 술), 그 지방 특유의 술, 프랑스의 수입 와인 등이 있으며, 그 안주로써 프랑스 직수입의 퀸즈 이세탄 오리지널 치즈부터 유럽의 유명 치즈까지 폭넓게 골고루 갖추고 있다.

등급 높은 식품의 전문점으로써 다른 식품 슈퍼와의 차이는 명확하기 때문에 이세탄 브랜드로써 차별화 된 점포 전개를 추진해 나아갈 수 있다.

현재 퀸즈 이세탄은 도쿄 13개 점포, 사이타마 3개 점포, 치바 1개 점포 등 17개 점포를 전개하고 있는데 이 업태는 앞의 유니트숍과 편성할 수 있고 단독으로도 어떤 업태하고도 점포를 낼 수 있다.

실질적으로 점포의 수에는 불만이 있다. 이세탄 전체의 전략적 의도에서 완만한 점포 전개를 취지로 하고 있겠지만 극히 전략적이고 공격적인 업태로써 대량 점포 내기도 가능하고, 이후 점포 내기의 움직임이 마음에 걸리는 부분이다.

▐ 수확기를 맞은 '버니즈 재팬(Barneys Japan) 매각 사유

이런 확대 지향과 역행하듯이 이세탄에서는 버니즈 재팬을 내놓았다.

버니즈라는 것은 뉴욕을 본거지로 한 고급 부인복 전문점으로, 이세탄이 자본을 투자하여 국내에서 독점 판매를 하고 있었다. 키워드는 '클래식&모던'이다. 고급품으로 차분한 색조의 무늬, 참신하고 샤프한 디자인이 독특하고 인기가 높았다.

버니즈 재팬은 버니즈의 일본 법인이다. 현재는 신주쿠 점, 요코하마 점, 긴자 점 3개 점포로 되어 있다. 특히 긴자점은 2004년 10월에 오픈하여 전기에 매출 62억 엔을 올리는 등 3개 점포 중에서 가장 뛰어난 호조를 보였다. '썩어도 준치'라고 '썩어도 긴자'라는 곳에서 고급 지향의 긴자의 저력을 과시한 것이었다.

부인복뿐만 아니라 액세서리, 핸드백, 신사복 등도 폭넓게 취급하고 있으며, 잠재적인 브랜드력 또한 극히 높았다.

본래 이들 제품은 이세탄의 브랜드 전략을 책임지는 것으로써, 또 확대 전략의 선발대가 될 수 있는 것으로써 중요한 위치를 차지하고 있었다.

과거의 우여곡절은 있었지만 그것도 모두 해결되고, 또 전기에는 회사 전체가 흑자로 전환하는 등 수익면에서도 궤도에 올랐다. 하지만 앞으로 더욱 확대해 나아가려 할 때 매각한다는 소리에 관계자들 모두는 경악을 금치 못했다. 이세탄 내부에서도 매각설을 알고 있는 사람은 극히 적었는데, 비밀리에 진행하고 있었다는 것을 엿볼 수 있다.

게다가 이세탄은 지금까지 버니즈 관련으로 600억 엔이나 투자를 거듭해 와서 그중 525억 엔을 특별 손실로 계상해 왔다. 이만한 투자를 거듭하여 겨우 궤도에 올라 수확의 시기를 맞으려 하고 있는데 왠지 당돌하다는 느낌이다 .

버니즈 재팬은 이세탄이 버블기에 추진한 확대 전략의 실패로 최후까지 남은 안건이었다.

그것을 매각한다는 것은 어떤 의미에서는 이것으로 정말로 버블의 청산이 완전히 끝났다고 할 수 있고, 또 앞에서 이야기한 것처럼 현재의 이세탄이 잠시 쉬며 숨을 돌리고 있다는 것을 보여 주는 것이라고도 할 수 있다. 한결같이 성장하고 있었다면 매각할 필요는 없을 것이고, 마이너스로 향하는 것이었다면 좀 더 일찍 매각했을 테니 말이다. 이 미묘한 시기의 매각이 다음 성장 단계를 지향하는 이세탄의 발판이 된다고 주목받고 있는 것이다.

▇ 버니즈 재팬'은 버블기 최후의 짐

이세탄이 미국 버니즈사와 자본 업무 제휴를 체결한 것은 버블기가 한창인 1989년의 일이다.

뉴욕의 명문 부인복 전문점과의 제휴는 이세탄의 확대 전략의 상징이었다. 그 후 일본과 아시아에서의 버니즈 독점 운영권을 획득하고 일본에서 버니즈 재팬을 설립했다. 그리고 1991년 신주쿠 점, 1993년에 요코하마 점을 오픈했다. 고급스러움이 넘치는 옷과 장신구는 패션의 이세탄 이름에 부끄럽지 않게 빛났다.

그런데 이 버니즈는 터무니없이 비용만 들이고 이익을 올리지 못했다. 미국에서 맹렬한 점포 확대 전략을 펼친 이세탄은 채무 보증을 서고 부동산 투자에 빠져들었다. 특히 뉴욕 한복판의 빌딩을 매수하여 버니즈의 사령탑 격의 점포를 개장했다. 이세탄이 버니즈와 얽혀 투자한 자금은 실로 616억 엔에 달했다. 제5장에서 기술한 이세탄의 이자가 붙는 부채가 부풀어 오른 것은 이 투자가 큰 요인이 되었다.

그래도 미국 버니즈가 확대해 가면 회수도 가능한 투자였겠지만 버니즈는 1996년, 뉴욕 파산 법원에 파산법의 적용을 신청하기에 이르렀다. 경영 파탄이었다.

창업자인 드레스너 일가의 내분으로 인한 것이었다. 경영을 맡은 형제 중 한 사람은 패션, 한 사람은 재무를 분할 담당 했는데 서로의 의사 소통이 잘 안 되어 제각기 다른 경영을 했다. 감정적인 대립도 격했는데, 형제라는 이유로 수습할 방법이 없었다. 이 점에서는 일본도 미국도 다를 바 없었다.

여기에 말려든 것이 이세탄이었다. 이세탄이 사령탑 격인 점포를 비롯하여 버니즈의 3개 점포용으로 부동산을 취득하고 있었는데 그 임대료 약 5000만 달러를 반환하라는 소송에 걸린 것이었다.

이에 대해 이세탄도 융자의 채무 불이행으로 반환 소송을 제기했다. 처음부터 이세탄의 부담으로 합의하고 입주했는데 지불한 임대료를 반환하라는 것은 불합리하다는 것이 당연한 주장이었다. 하지만 상식이 상식으로 통하지 않는 것이 간혹 미국의 비즈니스 계에 있었다. 서로의 소송 싸움은 빠져나올 수 없는 불리한 상태로 빠져들게 했다.

결과가 나올 때까지는 3년이 걸렸고, 그동안 이세탄은 꼼짝달싹하지 못하게 되었다. 결국 1998년 12월에 버니즈는 연방 파산법원에 의해 재건 계획이 정식으로 인가되어, 이에 의해 이세탄은 임대인으로서의 지위와 버니즈 재팬의 독점 사용권이 인정되었다.

이세탄이 승리함에 따라 소송 싸움은 마침내 끝을 맺었다.

그 후 미국의 존즈어페럴(Jones Apparel) 사가 버니즈의 재건에 착수하게 되었고, 이세탄도 버니즈 주식 7%를 보유하여 다시 버니즈 재팬의 전체 주식을 사들이는 등 재건에 협력했다.

▮ 버니즈와의 제휴가 이룩한 최고의 효과

버니즈의 재건은 순조롭게 진행되어 점포도 늘고 수익도 올라갔다.

그래서 이세탄은 2005년 3월에 보유하고 있던 버니즈 주식을 존즈어퍼렐에게 매각, 미국과의 자본 관계를 해소했다. 여기까지는 예정된 행동이었다. 미국에서 손을 떼고 일본의 독점 판매권을 살려 적극적으로 전개해 간다는 것이었다.

그런데 2006년 7월에는 버니즈 재팬의 전 주식을 스미토모 상사와 도쿄 해상 캐피탈에 매각할 것을 결정했다. 문제는 앞서 이야기한 바와 같이 '왜 이때인가' 라는 의문이었다.

그 이유는 이세탄이 잠시 쉬고 있는 단계에 접어들고 있다는 것을 강하게 의식하고 있었기 때문일 것이다. 금융 분야로의 진출이나 본업으로는 본점이나 지점의 개장, 해외로의 점포 내기 등 적극적으로 사업을 펼쳐나가는 가운데 지금까지의 이상으로 '선택과 집중' 이 필요하게 된다. 무조건 돌진으로는 버블의 전철을 밟을 수밖에 없다.

버니즈의 강화는 차선의 선택이라는 판단이었다. 흑자 전환으로 돌아섰다고는 하나 현재 수도권에는 3개 점포밖에 없었다. 브랜드의 침투와 지금 이상의 매출 올리기를 도모하려면 적극적인 신규 점포 개장이 불가피했다. 적어도 조기에 7~10개 점포 체제로 하여 안정화시키고 싶었다. 하지만 커지는 투자 부담도 생각하면 거기까지 깊이 내디딜 결단은 내릴 수 없었다.

물론 이세탄의 현재 업적은 호조였다. 서둘러 매각하는 내적 필연성은 희박하지만 다음 스텝을 내다보면 버니즈의 처우를 생각한 극히 전략적인 판단이었다고 할 수 있다.

또 아이러니하게도 긴자 점이 오픈부터 대단한 호조를 떠 매출 60억 엔을 넘는 등 타 점포를 능가하는 성적을 올림으로써 기업 가치가 올라가고 매수의 거래 조건이 속출한 것이 '팔 때' 가 된 것도 요인이었다.

매각 금액은 분명하지 않지만 100억 엔 전후로 추정되며, 이세탄에서는 그 몫을 신규 점포 내기 등 설비 투자 자금의 일부에 충당했다고 한다. 분명히 파는 시점으로써는 절호의 시기라 할 수 있다.

매입한 스미토모 상사는 종합상사로써 소재 등의 중후하고 장대한 장사에서 제조나 판매 분야 등에 대한 체제 변경을 강하게 했고, 스미토모 상사도 강한 브랜드력을 갖는 소매를 손에 넣는 것이 전략상 중요하다는 판단이었다.

그리고 또 한 가지의 이유는 이세탄이 MD력에 있어서 자신감을 굳게 가지고 있었다는 점이었다.

버니즈와 제휴한 이세탄은 그들의 상품 만들기나 매장 만들기의 노하우를 배웠다. 상품을 꿰뚫어보는 눈을 기르고 디자이너를 발굴하는 능력을 가지고 상품을 어떻게 어필해 나갈 것인지 배웠고, 노하우를 흡수하여 이세탄이 패션의 이세탄으로서 매력적인 자주편집매장을 만들어 가는 과정에서 수치화는 할 수 없지만 이 버니즈와의 제휴가 이룬 효과는 극히 컸다.

그 카리스마 바이어 후지마키 유키오도 원래는 버니즈에 파견되어 있었던 것이었다.

그런 버니즈와 완전히 인연을 끊는다는 것은 이세탄 자신이 버니즈의 노하우를 완전히 터득하여 MD력에 자신감을 가졌다고 할 수 있다.

역자 | **홍영의**

옮긴 책으로는

『마르크스의 산 초정리법』『인덕경영』『실락원』『가슴속에 묻는 너』『파워
플레이』『바보는 8시간 잔다』 등이 있으며 현재 후학 양성과 더불어 일본 출
판 에이전시를 운영하면서 한국과 일본의 출판교류를 위해 노력을 기울이
고 있다.

서비스 전쟁
성공을 넘어 **신화**가 된 **이세탄** 스토리
원서명: 伊勢丹はなぜトップブランドになれたのか

2008년 9월 05일 1판 1쇄 인쇄
2008년 9월 10일 1판 1쇄 펴냄

지은이 | 미조우에 유키노부
옮긴이 | 홍영의
펴낸이 | 하중해

펴낸곳 | 동해출판
등록 | 제 302-2006-48호
주소 | 경기도 고양시 일산동구 장항1동 621-32(410-380)
전화 | (031)906-3426
팩스 | (031)906-3427
이메일 | dhbooks96@hanmail.net

ISBN 978-89-7080-184-1 (03320)

값 | 10,000원

—